AF591303

PANÉGYRIQUE

DE

JEANNE D'ARC

Prononcé dans la Cathédrale d'Orléans

LE JEUDI 8 MAI 1890

POUR LE 461e ANNIVERSAIRE DE LA DÉLIVRANCE D'ORLÉANS

PAR

M. L'ABBÉ A. MOUCHARD

PROFESSEUR DE RHÉTORIQUE
AU PETIT SÉMINAIRE DE LA CHAPELLE-SAINT-MESMIN

ORLÉANS
H. HERLUISON, LIBRAIRE-ÉDITEUR
17, RUE JEANNE-D'ARC, 17

1890

MONUMENT ÉLEVÉ SUR LE PONT D'ORLÉANS EN 1571

PANÉGYRIQUE

DE

JEANNE D'ARC

Prononcé dans la Cathédrale d'Orléans

LE JEUDI 8 MAI 1890

POUR LE 461e ANNIVERSAIRE DE LA DÉLIVRANCE D'ORLÉANS

PAR

M. L'ABBÉ A. MOUCHARD

PROFESSEUR DE RHÉTORIQUE
AU PETIT SÉMINAIRE DE LA CHAPELLE-SAINT-MESMIN

ORLÉANS
H. HERLUISON, LIBRAIRE-ÉDITEUR
17, RUE JEANNE-D'ARC, 17

1890

PANÉGYRIQUE

DE

JEANNE D'ARC

Non fecit taliter omni nationi.
Dieu n'a fait pour aucune nation ce qu'il a fait pour nous.
(Ps. CXLVII, 20.)

ÉMINENCE[1],
MESSEIGNEURS[2],
MESSIEURS,

Il y a parfois dans la vie des peuples des revers si sanglants et des chutes si désespérées qu'on voit de grandes nations en mourir; souvent aussi les peuples abattus se relèvent et l'histoire n'offre pas de plus beaux spectacles que ces résurrections.

Dieu, qui les décide, laisse ordinairement à l'homme la gloire de les accomplir : quels prodiges n'enfante pas alors l'amour de la Patrie!

C'est Athènes au matin de Salamine. Les Perses ont

[1] Son Éminence le cardinal Richard, archevêque de Paris.

[2] Mgr Coullié, évêque d'Orléans; Mgr Laborde, évêque de Blois; Mgr Goux, évêque de Versailles; Mgr de Briey, évêque de Meaux; Mgr Trégaro, évêque de Séez; Mgr Lagrange, évêque de Chartres.

ravagé son territoire et incendié ses murs ; ses fils n'ont plus d'autre refuge que leurs vaisseaux, mais c'est là qu'ils sauvent par d'immortels exploits la liberté de la Grèce et la civilisation du monde ancien. Demain, lorsque les flots de Mycale et les champs de Platée auront enseveli les restes de la barbarie, Athènes deviendra la mère des poètes et des artistes, des orateurs et des philosophes, et elle inaugurera cette royauté du génie que vingt-cinq siècles ont respectée.

C'est Rome au soir de Cannes. Quatre batailles perdues n'ébranlent point sa constance; elle sort au-devant du consul vaincu pour le féliciter de n'avoir pas désespéré de la République. Quand Annibal paraît à ses portes, elle met aux enchères la plaine où il campe; enfin l'épée des Scipions brille à quelques milles de Carthage, et Rome, menacée seize ans de la servitude, s'apprête à soumettre la terre à ses lois.

C'est, à la fin du moyen âge, le chevaleresque pays du Cid secouant le joug de Mahomet et s'élançant, avec Colomb, à la conquête d'un monde.

C'est, dans les temps modernes, la jeune Amérique naissant à l'indépendance et la vieille Grèce se réveillant à la liberté par le courage de leurs enfants, le dévoûment de leurs grands hommes, et, comment l'oublier ? par le secours de l'épée française.

Il est des résurrections nationales plus belles que celles-là.

Elles sont incomparables, Messieurs, parce que Dieu, non content de les permettre, les accomplit lui-même.

On le voit donc, à certaines heures, descendre dans la mêlée dont l'enjeu est la fortune des empires. Un peuple qu'il a marqué d'un signe particulier va périr : il étend son bras et il délivre son élu par un « de ces coups extraordinaires où il veut, nous dit Bossuet, que sa main paraïsse toute seule ».

Telles furent, vingt fois, de Moïse aux Machabées, les interventions divines qui jadis sauvèrent Israël; telle fut, au XVe siècle, celle qui sauva la France. Jamais elle n'était tombée plus bas; jamais elle ne s'est relevée plus vite, et, si l'on mesure la profondeur de l'abîme où cent années de malheurs l'avaient précipitée, jamais elle ne remonta plus haut. Et quel fut l'instrument de cette résurrection miraculeuse? Un grand capitaine? un politique de génie? Non, Messieurs, et dans ce choix reconnaissez Celui qui se joue, quand il lui plaît, de la faiblesse des forts et de la folie des sages: ce fut une femme, une jeune fille, presque une enfant. *Non fecit taliter omni nationi.* Dieu n'a fait cela qu'une fois et il l'a fait pour la France.

Chargé de raconter ces merveilles, je sens ma faible parole confondue d'avance. Heureusement, Messieurs, ce n'est pas un discours qui louera Jeanne d'Arc aujourd'hui, mais la voix de ce grand auditoire. Je vois ici les fils dont elle a sauvé les pères et dont la reconnaissance, loin d'être refroidie après cinq siècles, grandit tous les jours; les chefs de la cité, qui ranimeraient cet enthousiasme, s'il en était besoin; des soldats que la libératrice eût été fière de mener à la victoire; des magistrats qu'indigne encore le crime de Rouen; des évêques qui veulent en effacer le souvenir en dressant à la martyre des autels. Orléans, la France et l'Église sont assemblés pour la bénir: c'est le seul panégyrique qui soit digne d'elle.

Éminence,

En présidant cette manifestation vous lui donnez, cette année, une éloquence nouvelle. La réhabilitation de Jeanne d'Arc a commencé autrefois sous les voûtes de Notre-Dame; vous venez à sa fête non plus pour venger sa mémoire, mais pour la glorifier. Et ce que vous faites au nom de l'insigne métropole de Paris, vos frères dans l'Épiscopat le font au nom de leurs églises. Ils viennent de leurs nobles villes de Séez, qui a hérité pour Jeanne de l'attachement du gentil duc d'Alençon ; de Versailles, dont elle a préparé les splendeurs en sauvant la monarchie ; de Blois où, pour la première fois, se déploya son étendard ; de Meaux, dont le bon peuple lui demandait des miracles ; de Chartres, qui a pour pasteur un de ses plus éloquents panégyristes et l'historien du grand homme qui restera son évêque. Ils unissent leur hommage à celui de la ville d'Orléans, où le fils continue l'œuvre du père et où il en verra, nous l'espérons, le glorieux couronnement. Je salue en vous, Messeigneurs, l'Église de France tout entière, et en votre personne, Éminence, l'Église universelle qui vous a placé parmi ses princes.

Daignez bénir ma parole et j'entreprendrai avec plus de confiance de rappeler, par un simple récit des faits, comment, à l'heure la plus triste de notre histoire, Dieu inspira Jeanne d'Arc, la conduisit au combat et au triomphe, et permit qu'elle mourût pour la résurrection de notre patrie.

I

Grand peuple au lendemain même de sa naissance, la France, Messieurs, avait dominé l'Europe avec Charlemagne, l'avait vaincue avec Philippe-Auguste et s'était replacée à sa tête avec saint Louis.

On l'avait vue, vaillante à Taillebourg, rester magnanime après la victoire ; arbitre entre ses voisins, juger les querelles des barons et du roi d'Angleterre ; pacifiée à l'intérieur, se livrer à l'étude et aux arts et convier aux fêtes de l'esprit la jeunesse de tous les royaumes ; reprise, enfin, de cet élan sublime qui lui avait fait commencer les Croisades, les finir en passant deux fois les mers avec le plus illustre des chevaliers du Christ. Ici elle avait fait agenouiller l'Orient devant le fier captif de Mansourah, comme devant l'incarnation de l'honneur ; là, six siècles d'avance, elle avait pris possession de la terre d'Afrique, sacrée terre française par le dernier soupir de son roi. Brave et savante, juste et laborieuse, la France, sous le plus chrétien des princes, était le premier peuple du monde.

Je la regarde un siècle plus tard et je ne la reconnais pas : « Qu'avons-nous vu ? et que voyons-nous ? Quel état ! et quel état ! » Hier la force et la suprématie, aujourd'hui la défaite et la servitude ; hier presque toutes les gloires, aujourd'hui presque toutes les hontes; hier Blanche de Castille et Louis IX le Saint, aujourd'hui Isabeau de Bavière et Charles VI l'Insensé : quel changement, Messieurs, et quelle chute!

Un règne qui devait être si malheureux et si long commencé par une minorité flétrie ; les oncles du roi se partageant les provinces et les trésors comme des dépouilles ; les paysans renouvelant la Jacquerie et les bourgeois courant aux armes comme au temps d'Étienne Marcel ; les révoltes étouffées dans le sang et le gouvernement livré aux folles entreprises des régents ; l'infortuné Charles VI héritant un moment de la sagesse de son père, puis, frappé tout à coup de démence, et, vieillard à vingt-cinq ans, assistant impuissant à l'agonie nationale ; les princes revenus au pouvoir avec une ambition nouvelle, et s'en disputant les lambeaux le parjure aux lèvres et le poignard à la main ; Orléans massacré par Bourgogne, et appelant bientôt son assassin dans la tombe ; les enfants fidèles à la haine des pères, et le plus puissant d'entre eux sacrifiant à la soif de la vengeance la patrie que seul il eût pu sauver ; la guerre civile allumée partout par ces discordes fratricides ; Paris en proie tantôt à la tyrannie des Bourguignons, tantôt aux sauvages représailles des Armagnacs ; la faction victorieuse déchaînant dans la capitale les fureurs des bouchers, et la faction vaincue se ruant sur les campagnes ; ici les villages déserts, les champs sans culture, les forêts pleines de bandits, le pays entier pareil, dit un contemporain, « à la mer où chacun a tant de seigneurie comme il a de force » ; là une population écrasée d'impôts, payant de ses sueurs et de ses larmes les fastueuses orgies des grands ; les vivants décimés tour à tour par la peste, la famine, un hiver meurtrier ; les morts gisants dans les rues, exposés à la dent des bêtes ; le peuple, n'ayant plus la force de souffrir ni de se révolter, s'abandonnant au délire du désespoir et dansant dans les cimetières, comme pour imiter ce roi qui promène dans les salles de Saint-Pol sa folie solitaire et méprisée : quel spectacle, Messieurs, que celui de la France, désolée par tous les fléaux à la fois et s'abîmant dans une décadence honteuse sous les yeux de sa rivale triomphante !

Ne vous étonnez plus qu'après un duel de cent années elle succombe sous les coups de l'Angleterre.

Les fils insolents de ces hommes du Nord que nous avions fait asseoir à notre foyer national y sont revenus pour nous en chasser. Trois fois nos chevaliers se sont levés pour les arrêter : trois fois ils ont été vaincus. Mais ce ne sont pas ces revers qui mettent la France au tombeau. Si funeste que lui soit la guerre, elle ne la blesse pas à mort ; brisée, volant même en éclats, son épée, Messieurs, se reforge toujours. Un roi sage et un grand capitaine n'avaient-ils pas glorieusement réparé les défaites de Crécy et de Poitiers? Quoi donc? Dunois, d'Alençon, Richemond, d'autres encore, ne pouvaient-ils venger le désastre d'Azincourt et nous rendre un du Guesclin ? Du moins, si la fortune se fût obstinée à nous être infidèle, la France fût tombée comme tombent les héros, et le monde, aujourd'hui, la pleurerait encore !

Vaine espérance, Messieurs ! Les blessures d'un peuple qui s'est frappé lui-même sont sans remède. Non, une nation divisée et un roi fou ne recommencent point Bouvines, mais des princes sans patriotisme et une reine sans cœur peuvent conclure un traité de Troyes. Quand cette femme eut vendu la main de sa fille et la couronne de son fils, Charles VI emporta dans sa tombe la monarchie et l'indépendance nationales, et sur ses restes déshonorés, un cri funèbre fut poussé, qui retentit de la Seine à la Tamise et qui proclamait roi de France un Anglais.

Il est vrai que, dans un château du Berry, des fidèles ont acclamé Charles VII, mais le Dauphin n'est pas de la race de ceux qui sauvent un peuple. Il a vingt ans, et il s'énerve dans les plaisirs. Il revendique ses droits, et sa petite politique est à la merci d'un favoritisme éhonté qui la fait échouer. Il tire l'épée : deux fois il est vaincu, et les bandes d'Armagnacs qui combattent pour sa cause la déshonorent par d'affreux excès. Renié par sa mère et proscrit par les traités, voyant ses coffres vides et ses armes humiliées, il médite de quitter en fugitif le beau royaume de ses pères. L'Anglais croit l'heure venue de ne plus lui laisser même le triste nom de roi de Bourges ; un dernier coup et le sceptre se brisera dans ses mains trop faibles pour le porter. Mais, Charles VII détrôné, il n'y a plus de France : déjà dix provinces sont conquises, la capitale est perdue, et le drapeau étranger flotte victorieux des bords de la Manche aux rives de la Loire.

Messieurs, interrogez nos annales. Quelle page est plus lugubre que celle-là et à quelle époque fûmes-nous plus près de périr ? Après Pavie, il nous resta l'honneur ; avant Denain, nous avions encore la constance de Louis XIV et l'épée de Villars ; en 1792, l'héroïsme populaire fit reculer l'Allemand ; en 1814, on put croire que l'Europe cèderait une fois de plus au génie de Napoléon ; en 1870, vingt défaites glorieuses honorèrent nos malheurs ; en 1429, tout est perdu : c'est l'heure, unique dans notre histoire, de « *la grande pitié* ».

Alors, Dieu s'émut, et l'heure de notre extrême misère fut celle de sa miséricorde.

Regardez, Messieurs, sur notre carte, ces deux coins de terre qui, depuis cinq siècles, brillent, aux bords de la Loire et de la Meuse, d'un immortel éclat. Orléans et Domremy ! Ah ! nous vous saluons avec admiration, car, sur vous, la gloire pure s'est reposée avec la vertu de Dieu. Non, nous ne mourrons pas, car ici les derniers des Français luttent encore comme les défenseurs des Thermopyles, et là-bas une petite fille attend le signal divin pour voler au secours de la ville fidèle et, après l'avoir sauvée, ressusciter la France.

La voyez-vous, Messieurs, grandir à l'ombre de l'église près de laquelle elle est née ? Dieu la couvre d'un regard de prédilection ; toutefois rien ne fait pressentir encore le magnifique avenir qu'il lui réserve. Ignorante des lettres humaines, elle n'a appris, sur les genoux de ses parents, qu'à joindre les mains pour prier. Ces pieuses leçons ont porté leurs fruits : Jeanne, à treize ans, est la meilleure enfant du village et il n'est pas une mère à Domremy qui ne voudrait l'avoir pour fille. Active au travail, elle manie avec autant d'habileté que de courage l'aiguille et la quenouille ; tantôt elle conduit à son tour dans la prairie le troupeau commun ; tantôt elle aide sa mère aux soins du ménage ; souvent elle partage, avec son père et ses frères, les rudes travaux des champs ; là, le hoyau à la main, elle gagne comme eux son pain à la sueur de son front ; si le tintement de l'*Angelus* la surprend dans sa tâche, elle s'agenouille sur le sillon commencé, et demande au Dieu qui fait mûrir les moissons de bénir le petit champ qui nourrit la famille.

Obscure et simple enfance, Messieurs, que celle de Jeanne d'Arc ! Heureux matin d'une vie dont le midi devait s'illuminer des rayons de la gloire et le soir s'éteindre dans un orage ! Mais déjà des scènes merveilleuses ont répandu sur ces gracieux débuts un charme qui n'est pas de la terre : cette enfant converse avec le ciel.

Écoutons ce dialogue, et, pour le mieux comprendre, entrons dans cette pauvre église où Jeanne a tant prié; traversons ce petit jardin où les oiseaux venaient manger dans sa main; pénétrons dans cette humble maison, dans cette chambre plus modeste, où elle a vécu; parcourons ces prés, ces champs et ces bois qui ont gardé la trace de tous ses pas, parce qu'ils ont vu, comme autrefois les collines de Bethléem, descendre sur eux la lumière et les Anges de Dieu. C'est là, au sein de cette riante nature où l'âme se recueille d'elle-même, qu'il lui envoie, pour la préparer à sa mission, des saintes et un archange : Michel, le protecteur de la France, chargé d'apprendre à cette petite paysanne comment notre patrie est aimée au ciel et comment elle doit l'aimer elle-même; Catherine et Marguerite, deux vierges, deux martyres, chargées d'élever leur sœur dans l'innocence et dans la force et de la conduire, à travers tous les obstacles, pure, intrépide et victorieuse comme elles jusqu'au bûcher de Rouen : voilà les maîtres à qui Dieu confie l'éducation de notre libératrice.

A leur école, son âme se transfigure : si les premières apparitions l'ont troublée, bientôt dans les messagers célestes elle a reconnu ses frères du Paradis; maintenant elle vit avec eux dans une sainte familiarité, et à chacune de leurs recommandations elle répond par un progrès nouveau dans la vertu.

Dieu, lui disent-ils, veut qu'elle soit sage; et Jeanne porte, jusque dans ses jeux innocents, une délicatesse exquise. On ne la voit point rire ni folâtrer par les chemins; sous l'arbre des *Dames*, elle chante plus qu'elle ne danse, quitte la ronde pour la prière et offre toujours à la Vierge de Bermont les plus belles couronnes qu'ont tressées ses mains.

Dieu veut qu'elle soit bonne; et Jeanne est admirable de charité. Ses modiques épargnes sont le trésor des pauvres ; infatigable au chevet des malades, elle recueille les mendiants au foyer paternel, et, pendant qu'ils reposent dans son lit, elle tourne ses fuseaux bien avant dans la nuit et s'endort au coin de l'âtre.

Dieu veut qu'elle soit pieuse; et Jeanne entend la messe tous les jours, se confesse et communie souvent. On lui dit bien, parfois, qu'elle est trop dévote, mais elle est si candide qu'elle ne comprend pas ces sourires ; elle en rougit un peu, comme d'un éloge qu'elle doit mériter en redoublant de ferveur.

Dieu veut toute sa confiance ; et Jeanne, en jurant de rester vierge, lui donne tout son cœur.

L'autel est prêt, Messieurs ; le feu du ciel peut descendre.

Dieu veut qu'un jour tu ailles en France, lui dit l'Archange, et il lui raconte la *grande pitié* qui est au royaume. Jeanne en sait déjà quelque chose. Souvent elle a frémi lorsqu'aux veillées d'hiver on commentait en sa présence les nouvelles de nos malheurs; elle a entendu les bruits de la guerre troubler la paix de ses vallées ; un jour même elle a dû fuir avec ses parents devant le flot de brigands qui a ravagé Domremy. Ces récits et ces spectacles l'ont indignée : quelle n'a pas été sa douleur à la vue des ruines fumantes de la chère église où elle avait fait sa première communion ! Mais, aujourd'hui, c'est la France entière qui lui apparaît telle que cent années de misère l'ont faite, et c'est dans une lumière surnaturelle qu'elle contemple cet affreux tableau, et c'est le protecteur de la patrie qui lui en explique toutes les scènes avec une éloquence désolée. Aussi une pitié égale à ces infortunes envahit son âme ; sa gaîté naïve a fait place à une tristesse inquiète ; elle ne joue plus, elle pleure. — O larmes d'un cœur virginal sur un peuple coupable, je vous bénis ; vous avez été sa première rançon. — Elle pleure et elle prie comme elle n'a jamais prié. Quand ses saintes remontent au ciel, elle voudrait les y suivre ; elle a vu Charlemagne et saint Louis agenouillés devant Dieu ; elle se prosternerait avec eux, et tous ensemble ils finiraient par arracher à sa justice le pardon de la France.

Dieu s'est déjà laissé fléchir, déclare enfin saint Michel, et c'est toi, Jeanne, oui, c'est toi, qu'il a choisie pour la sauver.

A cette parole, Messieurs, Jeanne ne doute pas, mais elle reste interdite. La faiblesse de la femme et la réserve de la jeune fille, la timidité de la paysanne et l'humilité de la chrétienne, tout en elle s'alarme à la fois. Quoi d'étonnant qu'elle hésite d'abord à obéir ?

« — Va trouver à Vaucouleurs Robert de Baudricourt ; il te baillera des gens ; tu iras faire lever le siège d'Orléans et sacrer le roi à Reims. — Je ne saurais chevaucher ni mener la guerre. — Va, Dieu t'aidera. — Hélas ! ce n'est point mon fait. Que j'aimerais mieux filer et garder mes brebis ! — Va, va, Messire le veut. — Ma pauvre mère en mourra de douleur et mon père menace de me noyer plutôt que de me laisser partir. — Fille de Dieu, va, va, va ; aurais-tu cent pères et cent mères et serais-tu fille de roi, il faut aller. »

Et Jeanne « ne peut plus durer où elle est ». Chaque jour lui pèse comme un siècle, et, se reprochant d'avoir tant tardé, elle part.

Vous admirez, Messieurs, la générosité de son élan : mesurez-la aux difficultés qu'elle rencontre. Ce secret qu'elle porte seule depuis quatre années, désormais elle ne peut plus le garder : qui sera son premier confident ? La piété filiale et la prudence lui interdisent de s'en ouvrir à ses parents : ce serait les désespérer, et, dès le début de l'entreprise, risquer de tout compromettre. O Jeanne, où chercher un appui ?

Elle l'a trouvé. Entendez-la répéter à son oncle Laxart

ce que lui ont commandé ses voix. Le paysan branle la tête et sourit d'incrédulité; mais un accent de persuasion irrésistible est déjà sur les lèvres de la Vierge inspirée. Un vieil oracle n'a-t-il pas dit que la France, perdue par une femme. sera relevée par une jeune fille? Laxart connaît les crimes d'Isabeau, et, saluant dans Jeanne la future libératrice, il se présente avec elle devant Baudricourt. Le rude soldat les écoute à peine; il se moque des promesses et des conseils qu'une bergère vient offrir au roi : c'est une folle qu'il faut souffleter et reconduire à son père. O Jeanne, oubliez cette injure et ne vous découragez pas; vos saintes vous ont prédit cet échec et le Roi du Ciel, votre Seigneur, est avec vous. Levez-vous donc une seconde fois et dites à votre village un éternel adieu.

Ce départ, Messieurs, fut presque une fuite. Mais ne fallait-il pas un grand cœur pour briser d'un seul coup tant de liens si doux et si forts? La pauvre enfant partit donc sans embrasser ni sa mère, ni la plus aimée de ses compagnes : aurait-elle pu supporter leurs larmes, qui, trente ans plus tard, n'étaient point séchées? Comme elle dut pleurer elle-même lorsqu'au détour de la vallée elle jeta un dernier regard sur le berceau de son heureuse enfance! Au soir de ses triomphes, elle en soupirera encore, et nous l'entendrons dire à ses juges qu'elle fit écrire à ses parents pour leur demander pardon. Ils étaient dignes d'avoir une telle fille, car ils adorèrent la volonté de Dieu, qui la leur prenait pour le salut de la patrie.

Jeanne est revenue à Vaucouleurs, et maintenant elle ne se laissera plus éconduire; elle aura raison de l'obstination du capitaine comme elle a dédaigné son insolence. Il faut bien qu'il l'écoute : « c'est Dieu qui l'envoie. La France se meurt et nul au monde, ni roi, ni duc, ni princesse, ne peut la sauver qu'elle-même. Avant le milieu du carême, elle sera auprès du Dauphin, dût-

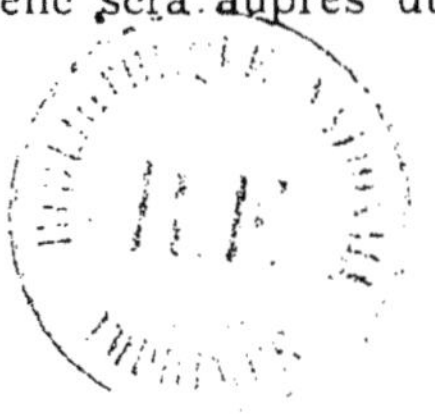

elle y aller sur les genoux; elle veut partir sans retard, plutôt aujourd'hui que demain, plutôt demain qu'après. »

Baudricourt enfin s'émeut; s'il doute encore, il ne raille plus. En sa présence, un prêtre a exorcisé la pieuse enfant, et l'épreuve a fait éclater son humilité. Le peuple, d'instinct, croit en elle; chaque jour il la voit gravir la colline, frapper à la porte du château, entrer, à quelques pas de là, dans une petite chapelle, prier longtemps devant une image de Marie en versant des larmes brûlantes, puis redescendre animée d'une sublime impatience et d'un invincible espoir, et les bonnes gens de Vaucouleurs — ils n'ont pas changé, Messieurs — partagent son enthousiasme. Ils se sont cotisés pour l'équiper; son escorte est prête; les gentilshommes qui lui ont juré de la conduire au roi l'entourent; elle a revêtu la cuirasse, elle est à cheval, et Baudricourt lui offre son épée. « Adieu, lui dit-il, et advienne que pourra! » au moment où elle s'élance sur la route de Chinon.

O Jeanne, Vaucouleurs vous dit adieu, et Orléans vous appelle, partez; vous ne savez peut-être pas encore tout ce qui doit advenir, mais partez : « c'est pour cela que vous êtes née. » Et vous, Anges de la patrie, guidez ses pas; faites-lui traverser, malgré l'hiver, les rivières débordées et les forêts profondes; écartez de son chemin les poignards des brigands et les embûches des Anglais; inspirez à ses compagnons un saint respect pour elle; veillez, veillez bien sur cette jeune fille de dix-sept ans : c'est la fortune de la France.

II

Jeanne est prête à l'action et elle marche vers Orléans. Mais, dès le premier pas de sa course, deux épreuves l'arrêtent ; voyons, Messieurs, comment elle en triomphe en ranimant, partout où elle passe, le courage et l'espérance : c'est le prélude de ses grands combats.

A Chinon, les portes du château restent d'abord fermées devant elle. Elle les force par ses messages, traverse, sans timidité comme sans orgueil, les groupes magnifiques des chevaliers et des dames, va droit au prince qui s'est en vain caché dans la foule, l'ébranle par un premier entretien, le convainc bientôt en dissipant d'un mot le doute honteux qui l'avait jeté dans le désespoir, et réveille en son cœur le sang de France et l'âme de la patrie. Maintenant les courtisans, qui ne voulaient pas qu'on reçût l'aventurière, ne se lassent pas de l'admirer ; les capitaines, qui, sentant l'épée trembler dans leur main, se demandaient ce qu'elle pourrait dans la main d'une femme, se déclarent prêts à la suivre ; le peuple, témoin de sa douceur et de sa piété, l'acclame, et les politiques commencent à comprendre que Dieu, quand tout est perdu, n'a besoin pour tout sauver que d'une enfant.

Cependant on délibère encore et le roi décide que les docteurs de Poitiers lui feront subir un solennel examen. « Je sais, dit Jeanne, que j'y aurai beaucoup à faire, mais Messire m'aidera. Or, allons de par Dieu. » Et elle court à ce tribunal comme à la victoire.

Le beau combat, Messieurs, que celui qu'elle soutient, seule contre tant d'adversaires ! Dans cette lutte si nouvelle, elle se montre déjà tout entière; demain, sans expérience de la guerre, elle vaincra les généraux les plus habiles; aujourd'hui, sans savoir lire ni signer son nom, elle confond des logiciens vieillis dans la chicane de l'école. Ils ont la science, elle a l'inspiration; ils sont la froide raison, elle est la flamme; ils cherchent à l'enlacer dans les mille replis de leur dialectique subtile, elle leur échappe par les saillies d'un admirable bon sens. En vain ils lui représentent que si Dieu veut chasser les Anglais, il n'est pas besoin de soldats : n'est-ce pas assez de son bon plaisir pour les déconfire ? « Les gens d'armes batailleront, dit-elle, et Dieu fera la victoire. » En vain ils allèguent qu'on ne peut croire à sa mission à moins qu'elle ne fasse un miracle. « Je ne suis point venue à Poitiers pour cela; qu'on me mène à Orléans : c'est là qu'on verra mon signe. » En vain ils lui posent des questions ridicules. « Quelle langue parlent vos voix ? lui demande un clerc limousin. — Un meilleur français que le vôtre; » et c'est la réplique de sa gaîté. — Croyez-vous en Dieu ? reprend l'aigre docteur. — Mieux que vous; » et c'est le cri de sa foi. En vain ils l'accablent de citations; elle écoute, non sans impatience, ces interminables discours, et dit en levant les yeux au ciel : « Il y a plus au livre de Messire qu'aux vôtres. » Et telle est l'autorité de sa parole qu'elle force ses examinateurs à prendre la plume pour sommer Suffolk et Talbot de repasser la mer.

Messieurs, cet apostolat de Jeanne est divin, car il rappelle trait pour trait celui de Jésus enfant dans le temple de Jérusalem. Il n'a pas fréquenté les écoles de son pays, mais Il est la Science incréée; Jeanne ne sait ni A ni B, mais elle lit dans un livre fermé à tous les clercs, « si parfaits soient-ils en cléricature ; » Il est tout entier aux affaires de son Père, qui sont de le glorifier en sauvant le monde ; elle ne vit que d'une pensée, délivrer une ville et ressusciter un peuple pour obéir à Dieu. Nous retrouvons sur les lèvres de cette ignorante un écho de la sagesse du ciel ; c'est assez pour réduire au silence les savants de la terre et jeter les vieillards dans l'admiration. *Stupebant omnes qui eum audiebant super prudentià et responsis ejus.*

Mais « trêve de paroles ; c'est le temps d'agir. » Les docteurs ont prononcé ; le roi n'hésite plus. En quelques semaines, six mille hommes sont rassemblés à Blois, et Jeanne est à leur tête. L'enthousiasme les transporte ; ils suivraient jusqu'en Terre-Sainte cette jeune fille extraordinaire qui a fait passer en eux son âme. Est-ce le courage qu'elle a rendu à ces braves? Non, Messieurs : les soldats français en ont toujours assez pour se battre et pour mourir quand ils ne peuvent pas vaincre ; mais ceux de Jeanne ne seraient pas dignes de travailler avec elle à l'affranchissement de la patrie s'ils ne retrouvaient d'abord dans son angélique compagnie des mœurs plus douces, plus pures et plus chrétiennes. Le miracle est accompli : les vieux brigands Armagnacs se confessent ; La Hire lui-même ne blasphème plus ; la pureté refleurit sous l'étendard immaculé de la Pucelle ; elle peut mener à l'ennemi cette armée qu'emporte un souffle divin. La voici avec son avant-garde à notre porte Bourgogne. C'est le soir, mais soudain les torches s'allument, les rues s'illuminent ; tout un peuple que son approche a rendu fou de joie, accourt au-devant d'elle ; l'air retentit d'acclamations ; « la liesse » ne serait pas plus grande « si Dieu lui-même était descendu dans la ville ». Précédée de sa blanche bannière, montée sur un cheval blanc, armée de toutes pièces, l'épée de sainte Catherine à la main, Jeanne s'avance au son des cloches et au chant des cantiques. A mesure qu'elle fend les flots de la foule agenouillée sur son passage, l'espérance renaît dans tous les cœurs ; les souffrances d'hier et les périls de demain, nos pères n'y songent plus ; « la bergerette » est avec eux ; c'est déjà la délivrance.

La guerrière, Messieurs, a tiré l'épée ; elle ne la remettra dans le fourreau qu'après avoir fait des prodiges. A peine entrée dans Orléans, elle court des églises aux remparts, animant le peuple à la prière, les soldats à la confiance, les chefs à l'audace. Sa seule présence a jeté la terreur parmi les Anglais. Insolents quand ils répondent à ses sommations chevaleresques, ils se cachent quand elle sort de la ville pour compter leurs forteresses. Ils l'ont laissée, sous les canons muets de leurs bastilles, recevoir son armée de Blois ; c'est l'heure de la lutte décisive ; Jeanne affirme que les ennemis seront défaits. « Ma fille, lui disent encore quelques timides, ils sont forts et bien fortifiés. — Rien, répond-elle, n'est impossible à Dieu. »

L'action s'est engagée à Saint-Loup pendant qu'elle dormait. Tout à coup, à l'appel de ses voix, elle s'éveille. « En nom Dieu, dit-elle en gourmandant son page, le sang de France est répandu et vous ne me le disiez pas ! » Aussitôt elle revêt son armure, monte à cheval, saisit son étendard et vole au combat. Il était temps, Messieurs, l'affaire était chaude et nos gens lâchaient pied. Elle paraît, les rallie et les reconduit à l'assaut. Pendant qu'ils escaladent les retranchements, elle se tient sur le bord du fossé, exposée à la mitraille, debout, sa bannière à la main ; bientôt la bastille est emportée et livrée aux flammes.

C'est le coup d'essai de Jeanne et il a épouvanté Talbot, qui rentre honteux dans ses lignes. Attends deux jours, invincible capitaine, et tu trembleras plus encore.

Elle a recueilli ses forces dans la prière et elle cherche l'ennemi à Saint-Jean-le-Blanc ; il a brûlé ses avant-postes et il s'est retranché dans les Augustins. L'attaque commence. Soudain, au bruit que les assiégeants de la rive droite s'élancent au secours de leurs frères d'armes, les Français se débandent ; Jeanne est entraînée par le flot des fuyards jusque dans l'île Saint-Aignan et les Anglais la poursuivent, l'insulte à la bouche. Mais elle a bondi sous l'outrage, et, suivie de La Hire, frémissante, elle a regagné la rive. C'est à l'ennemi maintenant de fuir et de trembler ; Jeanne le presse et derrière elle l'armée revient au pas de charge. Rien n'arrête leur élan, ni palissades, ni glacis, ni parapets ; nos chevaliers s'animent à d'héroïques exploits par des défis lancés sur la brèche ; la coulevrine de maître Jean fait merveille, et les Anglais sont chassés des Augustins. Que dites-vous, Messieurs, de ce coup de main ? Six heures ont suffi à Jeanne pour faire passer le fleuve à quatre mille hommes, préparer un assaut, réparer une déroute et prendre une forteresse.

Le soir, elle fait camper une partie de ses troupes au pied des Tourelles, et elle rentre dans la ville, décidée à les attaquer dès le lendemain.

Tel n'est point l'avis des chefs. Ils ont délibéré, et à la vue de cette citadelle, assise sur la Loire comme un camp retranché, protégée en avant par un pont rompu, en arrière par un formidable boulevard, défendue par le farouche Glasdale et l'élite de la chevalerie anglaise, ils déclarent que l'entreprise est impossible. « Vous avez été en votre conseil, leur répond Jeanne, et j'ai été au mien. Le conseil de Messire tiendra. Nous combattrons demain. » Et elle recommande à son confesseur d'être prêt avant l'aube.

Au lever du soleil, elle a communié et elle part. On veut l'arrêter à la porte Bourgogne ; les barrières tombent devant elle ; elle traverse le fleuve, suivie des bourgeois, des soldats et des capitaines. Ils sont tous là, subjugués par l'ascendant surnaturel d'une jeune fille, déterminés à vaincre et à mourir à sa parole. Elle donne le signal de l'assaut, un de ces assauts comme en a vu notre siècle à Malakoff et à Constantine.

Ce fut, dit l'histoire, une lutte de géants. Allez, Messieurs, à deux pas d'ici, en contempler la glorieuse image, telle qu'elle revit dans l'airain sous les pieds de la Pucelle. Voyez-vous ces braves gens se ruer à travers les flèches et la mitraille « comme s'ils se croyaient immortels ? » Toujours repoussés, ils se précipitent toujours. Vains efforts! les assiégés opposent à la furie française la froide opiniâtreté du courage britannique. Jeanne, après six heures de combat, voit mollir les siens, et, comprenant qu'il ne suffit plus d'un mot héroïque pour les relancer à l'attaque de cette muraille de fer, elle y monte elle-même.

Hélas ! le cou percé d'une flèche, elle tombe.

Mais que ne peut la vaillance quand c'est Dieu qui l'inspire? En voyant son sang couler, elle a pleuré d'abord, puis, arrachant elle-même le trait, elle a goûté les consolations de ses saintes, tandis qu'on pansait sa blessure. Alors elle se relève, court aux chefs découragés, les supplie de ne pas faire sonner la retraite et leur promet la victoire. L'action s'est ranimée et Jeanne, « assurée que les mains levées vers le ciel enfoncent plus de bataillons que celles qui frappent, » s'est retirée à l'écart pour prier. La voici de nouveau au milieu de la mêlée, brandissant sa bannière et galopant vers le boulevard : « Enfants, entrez hardiment, tout est vôtre. » A sa vue, les Anglais, qui croyaient l'avoir tuée, pâlissent et fuient comme à l'aspect d'une apparition céleste. Le retranchement est enlevé; les Français l'ont gravi « comme un escalier. » Maintenant les Tourelles sont prises entre deux feux; d'un côté, les Orléanais s'élancent par le pont rétabli; de l'autre, nos soldats tombent sur les derniers chevaliers de Glasdale. Celui-ci se bat toujours avec une fureur désespérée : « Rends-toi, lui crie Jeanne, tu m'as insultée, mais j'ai grand pitié de ton âme. » C'est en vain; déjà le cadavre de l'insulteur roule dans les eaux et la bannière de la Pucelle flotte sur la citadelle conquise.

Les deux rives du fleuve retentirent alors d'un long cri de triomphe ; la libératrice rentra dans la ville par le pont, comme elle l'avait prédit, et l'action de grâces commencée sur le théâtre du combat s'acheva dans cette basilique au chant du *Te Deum* et aux acclamations du peuple.

Le lendemain, il n'y avait plus d'Anglais sous les murs d'Orléans.

Jeanne ne perd pas une heure à les poursuivre. Orléans délivré, c'est à Reims qu'elle doit courir. Mais elle a beau supplier Charles VII de monter à cheval « au lieu de tenir tant de conseils, » le prince indolent déclare qu'il ne partira point tant que les Anglais seront maîtres du cours de la Loire. Qu'à cela ne tienne! Celle qui délivre des villes, saura bien en prendre.

Faut-il la suivre, Messieurs, à Jargeau où se répètent les beaux faits d'armes des Augustins et des Tourelles? Même impétuosité : dès la première charge, elle a refoulé l'ennemi. Même sûreté de coup d'œil : des positions qu'elle indique, son artillerie foudroie la place. Même entrain et même éloquence : d'Alençon hésite; « En avant, gentil duc, as-tu peur? Oublies-tu que j'ai promis à ta femme de te ramener sain et sauf? » et elle lui sauve la vie. Même courage et mêmes blessures glorieuses : au plus âpre du combat, elle monte aux remparts, roule sous le choc d'une grosse pierre, et se relève en criant : « Amis, sus aux Anglais! Notre-Seigneur les a condamnés; ils sont à nous. » Jargeau est pris et Suffolk, l'Achille d'Outre-Mer, rend les armes.

Le jour suivant, Jeanne se précipite au pont de Meung et l'emporte au premier assaut. Deux jours après, elle chasse les Anglais de Beaugency et les rejette dans les plaines de la Beauce. Doit-on les poursuivre et s'exposer aux hasards d'une bataille en rase campagne? « En avant, dit-elle, quand ils seraient pendus aux nues, nous les aurons. » et déjà son avant-garde les a rejoints. Falstolf voudrait éviter le combat : Talbot refuse de reculer deux fois devant une femme. Il n'a pas fui, Messieurs; mais il est prisonnier, et il n'a plus de soldats. Où est la belle armée que Salisbury, naguère, avait amenée pour consommer notre ruine? Son chef est tombé sous les murs d'Orléans; Jeanne en a broyé les meilleurs bataillons aux Tourelles, et elle en a achevé les restes dans les champs de Patay.

Et maintenant, gentil Dauphin, debout! La libératrice vous appelle à Reims.

J'hésite à le redire, Messieurs, Charles VII tremble encore à la pensée d'un voyage si hardi; il s'en rapporte à ceux qui comptent combien il y a de grosses villes à prendre de Gien à la cité du sacre. Mais ces discussions pusillanimes ne tiennent plus devant le prestige de Jeanne et le cri de ses troupes; elle part et elle entraîne, dans son irrésistible élan, le roi, la cour et l'armée. Ce n'est pas une expédition militaire; c'est une marche triomphale; sans cesse de nouveaux combattants se mêlent aux rangs des Français; partout, sur leur passage, la nation se réveille du long sommeil où l'avait endormie la défaite. La terreur de l'Anglais faisait succomber nos villes; la présence de Jeanne les rend à la liberté. Quelles revanches des infortunes de Calais, d'Harfleur et de Rouen! Auxerre achète la neutralité; mais Troyes ne résiste pas à la menace d'un assaut; Châlons ouvre ses portes; Reims envoie ses clefs à Charles VII. Il entre enfin dans ses murs porté par les flots du peuple; il s'agenouille à l'autel de Notre-Dame, et la France semble renaître dans ce sanctuaire où Dieu la baptisa au lendemain de sa naissance.

Elle y revient, Messieurs, vieille déjà de dix siècles, le front marqué encore de blessures inouïes, mais couronné de miraculeuses victoires. Elle s'incline devant le Christ dont elle a été le meilleur soldat; elle abjure à ses pieds des fautes qui ont appelé sur elle des châtiments divins, et elle se relève plus forte et plus belle, car, en ce moment, Dieu lui sourit en la personne de Jeanne d'Arc. A l'honneur comme elle fut à la peine, couvrant de son étendard la tête consacrée du roi de France, le visage illuminé d'une joie céleste, c'est bien « l'Ange de la patrie qui préside à sa résurrection ». La cérémonie achevée, elle ne se contient plus; son sourire se noie dans les larmes. Des larmes, Messieurs! c'est le langage naturel de son cœur. Il y a quelques mois, elle pleurait au spectacle de la *grande pitié;* maintenant elle pleure encore, mais c'est pour chanter le bon plaisir de Dieu exécuté, Orléans délivré, les Anglais vaincus, le Dauphin sacré, et la France, naguère agonisante, redevenue un grand peuple.

Voilà donc l'œuvre qu'en trois combats et en deux campagnes accomplit une jeune fille.

Qu'en pensez-vous, Messieurs?

Trois semaines après le triomphe de Reims, j'entends un de nos vieux poètes la comparer à Moïse et la mettre au-dessus des Josué, des Débora et des Judith. Je comprends l'enthousiasme de Christine de Pisan. Comme le plus illustre des libérateurs hébreux, Jeanne d'Arc a brisé le joug de l'esclavage, et, si les autres ont conquis un pays, vaincu un roi, sauvé une ville, elle a changé pour des siècles les destinées de la France et celles de l'Europe, et c'est le même Dieu qui avait armé son bras. *Non fecit taliter omni nationi.* Oui, nous pouvons répéter après Israël ce fier cri de reconnaissance : Dieu n'a pas fait pour son peuple plus qu'il n'a fait pour nous.

Je regarde les nations chrétiennes et je cherche dans leurs annales l'épopée que les exploits de Jeanne d'Arc ont écrite dans les nôtres ; je ne la trouve pas. Dieu leur a donné Pélage et don Juan d'Autriche, Hunyade et Sobieski ; il n'a donné qu'à la France une libératrice de dix-sept ans.

J'ouvre enfin notre histoire, et, sous les plis de la bannière de Jeanne bien dignes d'abriter cette immortelle légion, je rassemble par la pensée nos grands hommes de guerre. Les voilà, Messieurs, ces rois, ces princes et ces fils du peuple, tous ces preux dont l'épée fut si vaillante, qu'en dépit de revers passagers, elle a conquis à la France une gloire militaire incomparable. Jeanne d'Arc ne pâlit point au milieu d'eux. Ils peuvent reconnaître en elle les traits de leur génie et les caractères de leur bravoure ; elle les a tous : l'habileté des plans qui déconcerte l'ennemi et la rapidité de l'exécution qui l'épouvante ; l'audace dans l'attaque et la fougue dans l'action qui précipitent le succès ; les illuminations soudaines et les savantes manœuvres qui rétablissent les avantages perdus ; les mots héroïques qui enlèvent le soldat et la bonne humeur qui court à la mort comme à une fête. Messieurs, ne vous semble-t-il pas voir nos capitaines incliner leur noble épée devant la sienne et la saluer comme une épée divine ? S'ils ont livré plus de combats et terrassé plus d'ennemis nul d'entre eux n'a sauvé la patrie par des victoires moins sanglantes et plus fécondes : Dieu ne nous a donné Jeanne d'Arc qu'une fois.

Mais non, Messieurs, n'admirez plus en elle ses qualités guerrières ; ses vertus chrétiennes les surpassent au point de les faire oublier. Qu'elle se soit jetée intrépide dans le feu des batailles, des femmes l'ont fait comme elle, et, après tout, elle était Française. Qu'elle ait mis en fuite les guerriers les plus fameux de son temps, vous savez bien que ce n'est pas à une école humaine qu'elle a appris l'art de les vaincre. Ne la comparez donc plus à nos héros, dont elle est la sœur, mais à nos saints, dont elle est l'égale.

Sa terrible épée n'a pas une tache de sang. Blessée trois fois, Jeanne n'a blessé personne. Elle aime ce glaive qui a brisé la puissance des Anglais : elle aime quarante fois mieux son étendard, parce qu'il porte dans ses plis le meilleur gage de la victoire, le nom de Jésus-Christ. Ardente à la mêlée, elle ignore les colères du soldat ; elle calme l'emportement des siens, interdit sévèrement le pillage, prend les prisonniers sous sa garde et enseigne à ses rudes compagnons le respect des vaincus, alors que les coutumes de la guerre interdisaient la pitié. Elle pleure sur tous les morts, sous quelque drapeau qu'ils soient tombés ; si elle apprend qu'ils ont paru devant Dieu sans s'être confessés, elle est inconsolable. Elle s'arrête même auprès d'un ennemi mourant pour lui parler du ciel, et ce capitaine, que Condé tout à l'heure eût applaudi, n'est plus qu'une sœur de charité que Vincent de Paul reconnaîtrait pour sa fille. Apôtre de la chasteté et du patriotisme, elle inspire la pureté comme elle allume le courage, car elle n'a au cœur que deux flammes qui se confondent, l'amour de la France et l'amour de Dieu. Ne craignez pas que sa piété se soit évanouie dans la guerre ; toujours docile à ses voix du ciel, la petite chrétienne de Domrémy franchit chaque jour un degré de plus dans la vie parfaite et ses douces vertus ont revêtu dans les combats une beauté plus virile. Les fatigues des armes n'épuisent pas l'ardeur de sa pénitence ; elle jeûne plusieurs fois la semaine et la frugalité de ses repas désespère ses hôtes. Elle se confesse entre deux marches, parfois même entre deux assauts. Où la surprenons-nous au matin de ses batailles? à la table sainte; et le soir? dans une église, prosternée comme autrefois aux pieds d'un crucifix. Souvent elle abrège son sommeil pour prier plus longtemps, car « elle ne s'attend qu'à Dieu. » L'ivresse du triomphe l'a-t-elle troublée un instant? Les foules s'agenouillent quand elle passe, elle traverse, humble et sereine, les ovations populaires; ses compagnons portent aux nues ses exploits, elle déclare « que son fait n'est qu'un ministère; » le roi l'anoblit, elle ne veut pour récompense « qu'une place au Paradis; » la France l'acclame et l'Europe retentit déjà du bruit de son nom, elle n'aspire qu'à retourner à son village pour y vivre et y mourir ignorée.

Messieurs, Dieu a fait des âmes guerrières et des âmes saintes; souvent il a mêlé la vaillance et la piété dans le cœur des braves; mais ce qu'il n'a réalisé qu'une fois à ce degré, c'est l'alliance harmonieuse et l'équilibre parfait de tous ces dons qui semblent d'abord s'exclure. *Non fecit taliter*. Je ne vois qu'en Jeanne d'Arc ces contrastes qui font resplendir sa figure d'une beauté sans pareille: pureté de la vierge et élan du soldat, recueillement des cloîtres et joyeux entrain des camps, naïve simplicité d'une paysanne et noble fierté d'un chevalier, la modestie jointe à l'audace et la candeur au génie, la grâce tempérant la force, la gloire couronnant l'innocence, un Ange dans un Héros, aucun rayon ne manque au front de notre libératrice.

Je me trompe, Messieurs, il en manque un seul, celui du malheur qui consomme la sainteté, et Dieu va le lui donner.

III

La France échappe aux Anglais. Chassés des places de la Loire, ils tremblent aux rives de la Seine; Paris s'agite; Rouen s'ébranle; de Reims à Saint-Denis, nos villes ont reconnu Charles VII. Vaincu, l'ennemi est épouvanté; il compte les coups qu'il a reçus et il commence à comprendre qu'ils sont de ceux dont on ne se relève pas. Qu'attendez-vous, Messieurs? Que Jeanne achève de le terrasser. Oui, elle va profiter de son trouble pour tomber sur lui, le déloger de la capitale, le refouler de province en province, le jeter à la mer, et bientôt, sans doute, des Pyrénées à Calais, le cri de la liberté reconquise fera tressaillir la patrie tout entière.

Hélas! un an à peine après les fêtes de Reims, l'épée de Jeanne est brisée; celle qui devait « bouter l'envahisseur hors de toute France » languit dans un cachot et les Anglais se préparent à la faire mourir.

Que s'est-il donc passé? Dieu ne serait-il plus avec nous? Jeanne d'Arc n'aura-t-elle paru que pour relever un instant la fortune de la France et disparaître à nos yeux comme un éclair dans la nuit? Comment tous ces triomphes d'hier sont-ils venus s'abîmer dans les ténèbres d'une prison? Comment toutes ces victoires de demain sont-elles près de s'évanouir dans les flammes d'un bûcher?

L'histoire le raconte, Messieurs, et elle n'a pas assez

de larmes pour pleurer cette catastrophe, ni assez d'indignation pour flétrir ceux qui la permirent ou ne la vengèrent pas.

Il y eut donc des politiques, un la Trémouille, un Regnault de Chartres, dont les misérables intrigues arrêtèrent tout à coup Jeanne d'Arc dans sa course triomphante ; il y eut un prince qui sembla s'obstiner à n'être que le roi de Bourges avec ses favoris plutôt que le roi de France avec elle ; il y eut des capitaines que sa gloire rendit jaloux ; il y eut enfin un Jean de Luxembourg, un Philippe de Bourgogne, des Français, Messieurs, qui la vendirent. Les Anglais, qui l'achètent, sont dans leur rôle. Jeanne prise, je suis fier de les voir plus joyeux qu'au soir d'Azincourt, je m'explique qu'ils ne comptent plus pour l'avoir, et, quand elle est entre leurs mains, j'estime qu'ils calculeraient bien en ne la donnant pas pour Londres. Mais que le gouverneur de Compiègne l'ait laissé prendre, que Charles VII n'ait pas engagé jusqu'à sa couronne pour la disputer à l'Angleterre, que son chancelier ait osé écrire qu'elle fut victime de son orgueil, qu'un gentilhomme ait livré pour de l'or « la chevalerie vivante... » Messieurs, où est la reconnaissance, où est le patriotisme, et qu'est devenu l'honneur? Vous du moins, vous qu'elle a menés à des combats divins, vous monterez à cheval ; vous mourrez s'il le faut, mais vous tenterez l'impossible pour briser ses fers ! « En avant, gentil duc ! » C'est encore Jeanne qui t'appelle et elle est captive, captive de ces Anglais qu'elle t'a appris à vaincre ! Dunois, Xaintrailles, où êtes-vous?... J'écoute, et je n'entends frémir que l'épée de La Hire, et la France ne se lève pas avec cet homme de cœur pour délivrer sa libératrice ! Quelques gémissements du peuple, et la France se tait ! Non, Messieurs, une nation qui laisse s'accomplir une pareille iniquité n'est pas encore une nation sauvée ; elle a pu ressusciter à la victoire sur les champs de bataille, elle n'est pas ressuscitée à la justice ;

elle n'est pas remontée dans l'incorruptible honneur, et il faut autre chose qu'une épée triomphante pour lui refaire une âme.

Élevons nos pensées au-dessus de ces tristesses. Aussi bien, c'est à l'heure où les hommes croient l'œuvre de Jeanne anéantie qu'elle va s'achever. Jamais mieux qu'ici Dieu ne fit servir les injustices humaines au salut de ceux qu'il aime, et, pour tout dire en un mot, après la Passion de Jésus-Christ, le Martyre de Jeanne d'Arc est son plus bel ouvrage dans l'histoire des Rédemptions.

Je ne veux pas relire avec vous dix siècles de nos annales. Cependant, à côté de ces pages immortelles qui seront l'orgueil de toutes les générations françaises, comment n'en pas voir d'autres devant lesquelles il nous faut baisser la tête?

Soldat de Dieu, la France a vaincu l'Arianisme, humilié l'Islam, fait les Croisades : hier elle préparait un schisme qui a désolé l'Église. Elle a traité le vicaire de Jésus-Christ en roi : hier elle le traitait en captif. Elle a été, par sa science et sa vertu, l'école du monde chrétien : aujourd'hui, par la corruption de ses mœurs, elle en est le scandale. Elle s'est unie, glorieuse et forte, sous le sceptre de ses princes : depuis vingt ans, elle se déchire de ses propres mains. Tant de fautes, Messieurs, ont armé la justice de Dieu, mais tant de services l'ont fléchie. Il pardonne à la France : où donc est la victime dont l'immolation cimentera cette réconciliation sacrée? Français, ne la cherchez pas : cette jeune fille si pure, cette enfant dont la gloire a touché le front, cette âme la plus Française et la plus chrétienne de son siècle, Jeanne d'Arc est seule digne de souffrir pour être la rançon d'un grand peuple. Chrétiens, ne la plaignez pas : son sort est si beau qu'un jour Dieu le rêva pour son Fils. Les hommes, s'ils n'étaient ingrats, la feraient peut-être asseoir sur un trône : Dieu veut la faire monter sur la croix. Parvenue à ce sommet de la grandeur morale, la Rédemptrice de la patrie sera l'image du Rédempteur du monde, et, comme le gibet du Golgotha sauve toujours l'humanité, le bûcher de Rouen restera le Calvaire de la France.

Dieu, Messieurs, prépara Jeanne au sacrifice ; elle eut le pressentiment de sa fin prochaine. A quelques jours du sacre, elle parle de sa mort, et c'est à Dunois que dans une chevauchée elle confie ses premières alarmes. Déjà elle avait conjuré le roi de la bien employer, car, disait-elle, elle ne devait durer qu'un an. Elle a demandé à son confesseur des prières pour elle-même et pour ceux de ses compagnons qui sont tombés au service de la patrie ; elle a dit qu'elle avait peur des traîtres et elle savait qu'elle serait prise avant la Saint-Jean. Mais les saintes lui ont déclaré que Dieu viendrait à son aide, et la généreuse enfant a vu venir sans trouble l'heure de l'infortune Elle est prête. Hâtez-vous donc, Anglais, d'assouvir votre haine ; amenez votre captive devant les tristes juges que vous avez choisis ; eux aussi, ils sont prêts, et, comme vous les payez bien, ils vous ont promis « de faire un beau procès ».

Le sinistre personnage qui le présida ne croyait pas, sans doute, aussi bien dire. Odieux sur ses lèvres homicides, ce mot, Messieurs, n'est-il pas pour la condamnée un magnifique éloge ? Oui, c'est un beau procès : la cause est celle de la France, l'accusée et l'avocat sa libératrice, les accusateurs des valets de l'Angleterre ; aussi la sentence n'a flétri que les juges en grandissant la victime.

Son seul crime est d'avoir battu les Anglais. Il faut donc la convaincre qu'elle a mal fait, et, puisqu'elle se dit inspirée de Dieu, lui prouver que le ciel n'est pour rien dans ses victoires. Établir, pour la perdre, que son œuvre est une œuvre diabolique, et du même coup la déshonorer, elle, sa mission, son pays, tel est le but de cette procédure infernale. Le plus sûr moyen de l'atteindre serait de lui arracher sa propre condamnation. Quel triomphe pour ses juges, si Jeanne enfin leur disait : « Oui, mes voix m'ont trompée ! » Quels efforts ne tentent-ils pas pour surprendre cet aveu ! L'examen dura quatre mois : comptez, Messieurs, les assauts qu'elle eut à subir. Séances publiques et interrogatoires secrets, questions captieuses et admonitions réitérées, réquisitoires et conclusions où l'on ne reconnait plus ses réponses, douceur hypocrite et menaces brutales, rien n'est épargné pour abuser de son ignorance, lasser sa fermeté, troubler sa conscience et l'amener à déposer contre elle-même. Et pendant qu'ils sont quarante, soixante à la presser, les soldats de Warwick, l'épée nue, font présider la force aux débats, menaçant de jeter à la Seine quiconque serait sensible à la pitié. Voilà le tribunal de Rouen. Qui, Messieurs, voudrait s'incliner devant lui ?

Qui voyons-nous dans cette enceinte ? Des Français ? L'esprit de parti, l'ambition, la cupidité ou la peur les ont vendus à l'ennemi. Des gens d'Église ? Singuliers représentants de l'autorité du Pape, ils ne veulent pas que l'accusée en appelle à lui ; ces docteurs et cet évêque, nous pouvons les renier : demain ils seront schismatiques. Des juges ? Leur arrêt est dicté d'avance, et ils sont intervenus dans le honteux marché qui leur a livré Jeanne. Des hommes ? Ils se font un jeu cruel de torturer son âme avant de l'envoyer à la mort. Non, non, Cauchon et ses complices ne sont pas plus l'Église qu'ils ne sont la Patrie ; ils trahissent l'une et l'autre, et, dans cette parodie de la justice et de la religion, ils souillent à la fois tous les sacerdoces.

Paraissez donc, ô Jeanne, et vengez par vos protestations immortelles le droit et l'humanité, la France, l'Église et Dieu!

A ses premières réponses et au silence que parfois elle garde, reconnaissez, Messieurs, la fille au grand cœur. On lui défend de chercher à s'évader. « C'est le droit de tout prisonnier, dit-elle. Je n'ai que faire ici; laissez-moi à Dieu de qui je suis venue. — Partiriez-vous présentement? — En vérité, si je voyais la porte ouverte, ce me serait le congé de Notre-Seigneur, et je m'en irais. » On l'adjure de répondre à toutes les questions qui lui seront posées: « Je ne sais de quoi vous voulez m'interroger; peut-être me demanderez-vous des choses que je ne vous dirai pas. — Sur vos visions, sans doute? — Oui, vous me couperiez plutôt la tête. » Et, quoiqu'ils fassent, ils ne sauront pas le secret qu'elle a révélé à Charles VII. « Allez le lui demander, » et le cœur de Jeanne reste muet comme la tombe. Que voudraient-ils encore? Un regret, un soupir qui pût accuser d'ingratitude le prince ou la patrie? Ils ne l'auront pas. Une plainte contre Dieu qui a permis sa captivité? « Puisqu'il lui a plu ainsi, c'est le mieux que je sois prise. » Un murmure contre ses saintes qui lui parlent d'une délivrance toujours retardée? « Je vous en répondrai plus tard: passez outre. » Et à sa voix qui a retrouvé l'accent du commandement comme aux grands jours de bataille, les juges sont forcés de se rabattre sur une autre question.

Sublime quand elle se tait, Jeanne l'est plus encore quand elle parle. Écoutons-la, Messieurs: jamais l'innocence ne fut plus éloquente.

« Pourquoi Dieu vous aurait-il choisie plutôt qu'une autre? — Il est le Tout-Puissant et il se glorifie, quand il lui plaît, dans une pauvre fille. — Vous nous donnez comme divine la mission de verser le sang humain ? — Je requérais d'abord qu'on fît la paix ; je déclarais ensuite que j'étais prête à combattre. — N'avez-vous pas dit que les panonceaux faits à la ressemblance du vôtre seraient heureux ? — Je disais à mes gens : « Entrez « hardiment parmi les Anglais, et j'y entrais moi-« même. » — Était-ce bien à une jeune fille de chevaucher parmi les morts ? — Quand je voyais le sang couler, je sentais mes cheveux se dresser sur ma tête. — Vous faisiez croire à ceux qui suivaient votre étendard qu'ils seraient victorieux ! — Je disais ce qui est advenu et adviendra encore. — Qui aidait le plus au succès, vous ou votre bannière ? — C'était tout à Notre-Seigneur. — Mais, au sacre, elle fut portée avant celles des capitaines ! — Elle avait été à la peine ; c'était raison qu'elle fût à l'honneur. »

Ici, Messieurs, les juges eux-mêmes applaudissent et nos ennemis s'écrient : « Quelle brave femme ! que n'est-elle Anglaise ! » Mais elle est Française, d'esprit comme de cœur, et, dans ces terribles épreuves, nous la retrouvons vive à la réplique et intrépide à la défense de son pays. On lui tend des pièges : d'un mot elle les brise.

« Êtes-vous en état de grâce ? — Si je n'y suis, Dieu veuille m'y mettre ; si j'y suis, Dieu veuille m'y garder. — Saint Michel avait-il des cheveux ? — Pourquoi les eût-il coupés ? — Vos saintes parlent-elles la langue des Anglais ? — Comment le feraient-elles, puisqu'elles ne sont pas de leur parti ? — Dieu hait-il les Anglais ? » O juges, prenez garde ; vous tentez le patriotisme de Jeanne ; il va éclater. « Je ne sais si Dieu les hait ou s'il les aime, mais ce que je sais bien, c'est qu'ils seront chassés de France. — Comment le savez-vous ? — Par révélation, et je serais bien marrie que la chose tardât longtemps. Oui, avant sept ans, ils laisseront un plus grand gage qu'Orléans et ils finiront par perdre tout le royaume. »

A ce cri prophétique, Messieurs, les Anglais pâlissent de colère, mais Jeanne s'est habituée à les braver, et, dans les fers, elle ne craint pas plus leurs épées, qu'elle ne tremblait en face de leurs bastilles. L'image de la patrie victorieuse a repassé sous ses regards, et, quand il s'agit de la liberté de la France, l'accusée ne sait plus se taire. Elle l'annonce et la défend comme les Cécile et les Agnès prêchaient aux proconsuls romains le triomphe de Jésus-Christ et l'immortalité de la cause pour laquelle elles allaient mourir.

Et maintenant, Messieurs, dois-je ouvrir devant vous sa prison ?

Si ses ennemis n'étaient que cruels, nous entrerions dans son cachot les larmes aux yeux, et à la vue de cette cage de fer où elle fut enfermée, de ces lourdes chaînes qu'elle porte, de cette poutre de bois à laquelle sont liés ses membres, de cette paille humide qui lui sert de lit, nous nous prosternerions et nous baiserions avec respect les instruments de son long supplice. Mais ce n'est pas la pitié, c'est l'indignation qu'excite un spectacle qu'il ne m'est pas permis de décrire. En quelle compagnie est tombée l'angélique jeune fille ! Où sont les petits enfants dont l'innocence réjouissait la sienne et les vaillants soldats que sa vertu rendait meilleurs ? Je ne vois plus autour d'elle que des gardiens grossiers et des seigneurs insolents ; je n'entends plus que des rires cyniques. Dieu a préservé Jeanne de tels attentats ; elle en a pardonné le honteux dessein, mais rien n'empêche que le souvenir en reste immortel à l'honneur de cette martyre de la pureté. Après cela, Messieurs, vous comprenez le cri le plus déchirant qui soit sorti de son cœur : « J'aimerais mieux mourir que d'être aux mains des Anglais. »

Longtemps elle espéra leur échapper ; elle ne pouvait croire que la France l'abandonnerait, et elle attendait qu'un soulèvement du peuple ouvrît sa prison. O Jeanne, elle s'ouvre, mais quelles visites ! Tantôt c'est Luxembourg, plus vil que Judas qui n'alla point chez Pilate insulter le Dieu qu'il avait vendu ; tantôt c'est Strafford qui menace de la tuer, parce qu'elle lui a dit, l'intrépide Française, que « les Godons, fussent-ils cent mille de plus, n'auront pas le royaume ; » souvent c'est l'infâme Loyseleur qui l'invite aux confidences les plus sacrées pour la trahir ; ce sont les docteurs qui la fatiguent d'interrogations sans fin ; c'est Cauchon qui médite chaque jour une ruse nouvelle pour la prendre ; c'est Warwick, c'est Winchester qui remplissent le château de leurs cris furieux, tant il leur tarde que l'assassinat légal de la victime soit consommé.

Dieu, du moins, Dieu lui reste ! Oui, et il est son refuge. C'est à lui qu'elle en appelle, c'est sur son cœur qu'elle se repose, la douce et fière colombe, et jamais on ne vit une âme s'élever d'un vol plus naturel au-dessus des iniquités de la terre dans le sein de l'éternelle justice. Mais pourquoi faut-il que les hommes l'aient excommuniée ? Lorsqu'elle passe du prétoire à la prison, elle voudrait bien s'arrêter un instant à la porte de la chapelle ; Jésus-Christ est là ; que de choses la pauvre enfant aurait à lui dire ! Non, il n'est point d'Eucharistie pour elle, pas même le jour où les cloches de Pâques appellent la foule dans les églises de Rouen. Ah ! ce son des cloches, si doux à son cœur quand, des tours de Maxey, de Greux et de Domremy, il emplissait sa vallée, qu'il est triste aujourd'hui, répété comme un glas funèbre par les échos du donjon ! Le monde est en fête au tombeau du Sauveur et Jeanne reste sur le Calvaire.

Tant d'angoisses, Messieurs, finiraient par briser son âme si les saintes n'étaient toujours là, comme l'Ange consolateur à l'agonie du Christ. Elle les invoque et les célestes messagères ne lui manquent pas. Leur voix, sans doute, n'a plus l'accent gracieux qui la ravissait dans ses prairies, ni l'éclat retentissant qui l'entraînait sur ses champs de bataille; mais, si leur langage est plus grave, Jeanne, dont la sainteté a grandi dans l'épreuve, est capable de l'entendre. Il ne s'agit plus de ville à sauver ni d'armées à mettre en fuite, mais d'une victoire plus haute à remporter en mourant pour la France; voilà la grande délivrance qu'elle attend, et elle est proche.

Désormais, la martyre est toute à ce douloureux mystère; elle n'a plus devant les yeux qu'une vision, celle de la patrie déjà délivrée par son bras, bientôt rachetée par son sang; c'est le spectacle qui la fait vivre; sans lui, elle le déclare à ses juges, la souffrance depuis longtemps l'aurait tuée.

Cependant l'accusation n'avance pas et les Anglais s'impatientent. Jeanne est tombée malade; ils n'entendent pas que la mort leur ravisse une proie qu'ils ont payée si cher. Il faut en finir et dissiper, par un prompt supplice, le charme qui enchaîne, ils le croient du moins, la victoire sous les drapeaux de la France. Oui, c'est trop tarder; mais l'évêque de Beauvais va réparer ces lenteurs. « Jeanne, lui dit-il enfin, vous soumettez-vous à l'Église ? » C'en est fait : si elle se soumet, c'est une magicienne; si elle résiste, c'est une hérétique; quelle que soit sa réponse, sa perte est assurée. Recueillons avec respect, Messieurs, sa déclaration solennelle : elle est sublime de patriotisme et d'énergie, de bon sens et de foi : « Pour les œuvres que j'ai accomplies, je dois m'en rapporter au Roi du Ciel, qui m'a envoyée. Non, pour homme qui vive, je ne révoquerai jamais ce que j'ai dit et fait de par Dieu; si je voyais le bûcher allumé et les bourreaux prêts à me précipiter dans les flammes, je ne dirais pas autre chose. »

Juges, vous pouvez la condamner ; vous n'aurez d'elle rien de plus. Dites vous les représentants de l'Église ; Jeanne ne confondra pas la justice et la charité de Dieu avec la cruauté et la fourberie. Faites-lui des distinctions subtiles ; elle n'y entend rien, mais elle soutiendra jusqu'au bout « qu'elle aime l'Église, que l'Église et Jésus-Christ, c'est tout un, qu'elle en appelle au Pape, en un mot, qu'elle est chrétienne et qu'elle mourra bonne chrétienne. » Menez la dans la chambre de torture ; dussiez-vous lui « faire détraire les membres, » elle vous répondra comme au procès, et, si la violence lui arrachait un désaveu, elle vous a dit qu'elle l'a rétracté d'avance. Un instant même, effrayez-la par l'appareil du supplice ; vous ne devrez qu'à des manœuvres coupables une abjuration sans valeur. Prononcez votre arrêt ; l'Église l'a cassé et la postérité en a changé les termes ; il n'y a ici de « pernicieux et d'abuseur du peuple, de blasphémateur et de mécréant, d'apostat et de schismatique » que vous-mêmes ; Jeanne est sans faiblesse, et « ce beau procès » qui devait la flétrir a fait éclater la grandeur de son caractère et la divinité de sa mission.

Il ne lui reste plus qu'à mourir.

Elle a dû reprendre l'habit guerrier dont la pudeur anglaise lui fait un crime ; elle est relapse. L'heure suprême a sonné ; l'autel est dressé : affermissons nos âmes pour y suivre la victime.

A l'annonce de l'horrible mort qu'on lui prépare, elle se trouble ; au milieu de larmes et de sanglots elle proclame son innocence. Messieurs, que cette douleur de Jeanne nous touche. Serait-elle aussi belle si elle marchait au bûcher les yeux secs et le front impassible ? Oui, tout indomptable qu'elle est, la femme en cet instant doit attendrir l'héroïne ; elle a fait de sa courte vie un trop noble usage pour ne pas la pleurer. Mais, si le corps faiblit, l'âme est toujours forte. Ses gémissements ne sont-ils pas encore une protestation vengeresse? « Évêque, dit-elle à Cauchon, je meurs par vous, mais de vous j'en appelle à Dieu. » Et déjà dans le cœur de ce Dieu, qu'on lui a si longtemps disputé, elle a versé le sien; elle l'a reçu dans sa prison, comme les martyrs; comme eux aussi, elle a puisé dans cet embrassement divin la force de mourir, et elle s'avance, sereine et vaillante comme eux, à son dernier combat: elle a prédit sa victoire; aujourd'hui même elle sera au Paradis.

Une troupe nombreuse escorte la condamnée, mais deux prêtres sont assis auprès d'elle; elle parcourra sa voie douloureuse soutenue par leur charité. Tout à coup le trajet funèbre est interrompu par un grand tumulte; les Anglais poussent des cris et tirent leurs épées. Est-ce le peuple qui se lève pour empêcher leur crime? La Hire serait-il encore aux portes de Rouen? Non, c'est Loyseleur qui n'a pas voulu s'enfuir sans demander pardon à celle qu'il a trahie.

On arrive à la place du Vieux-Marché; une foule inquiète la couvre; les juges attendent; le bourreau, la torche à la main, se tient au pied du bûcher, dont la masse énorme se dresse vers le ciel, et le drame commence.

Il faut que Jeanne subisse une prédication injurieuse, des exhortations hypocrites, et la lecture de la sentence; il faut qu'elle contemple, tracée en gros caractères devant elle, la liste des forfaits qu'on lui impute; il faut qu'elle en porte l'insolente inscription jusque sur sa tête. Mais rien ne la trouble plus. Elle écoute tranquillement le prédicateur; elle proteste une dernière fois pour venger l'honneur de son roi, et elle épanche son âme dans une longue prière. La cruelle impatience des Anglais l'interrompt; elle se relève, leur pardonne, se recommande aux prêtres qui l'entourent, invoque saint Michel, sainte Catherine et sainte Marguerite, et elle marche au supplice.

Le feu s'allume ; bientôt il a enveloppé sa proie et lentement il la dévore. Au-dessus des flammes se dresse l'image de Jésus-Christ. La martyre y attache ses regards,et c'est dans cette contemplation ineffable qu'elle achève de souffrir pour la France.

Elle meurt, Messieurs, elle meurt, mais elle triomphe.

Ses ennemis, sans doute, épiaient sur ses lèvres mourantes une rétractation suprême, et Jeanne, fidèle à sa mission jusqu'à la fin, affirme que ses révélations étaient divines. Ils attendaient peut-être qu'un cri de désespoir sortît de sa poitrine haletante, et c'est en jetant trois fois aux échos de Rouen le nom de Jésus que son âme monte au ciel. La foule était venue là comme à un spectacle et elle gémit ; et le cardinal d'Angleterre et l'évêque de Beauvais pleurent comme elle ; et les soldats, qui s'étaient promis d'aider le bourreau, défaillent; et les juges se sont enfuis. La justice de Dieu saura bien les atteindre : ni Cauchon, ni d'Estivet, ni Loyseleur, ni Midy, ni Bedfort, ni Winchester, pas un des grands coupables n'échappe à ses coups.

Elle meurt, mais les Anglais, « qui ont brûlé une sainte, » sont perdus.

Ils ont fait balayer ses restes à la Seine; ils n'ont pas voulu qu'elle eût un tombeau dans le pays qu'elle avait sauvé. Qu'importe ? Respecté par le feu, son cœur réveille encore la valeur française; son ombre gagne des batailles et fait capituler des villes; la terreur de son nom s'attache aux pas de l'envahisseur et le rejette enfin dans son île. A l'intérieur, les dissensions s'apaisent, les princes se réconcilient, Charles VII porte dignement la couronne que lui a rendue Jeanne d'Arc : le duel séculaire est fini, et la France, redevenue elle-même, reprend à la tête de l'Europe le cours de ses glorieuses destinées.

Elle meurt, mais, dans sa mort comme dans sa vie, la main de Dieu est toujours visible.

Lui seul, Messieurs, a tout conduit. L'œuvre de Jeanne est une énigme, si elle n'est pas un miracle ; s'en tenir à des explications humaines, c'est prendre l'ombre pour la lumière. Proclamons-le donc en achevant de lire cette histoire : ceux-là seraient aveugles qui n'y adoreraient pas la puissance de Dieu qui frappe et ressuscite les nations au gré de sa politique souveraine; ceux-là seraient ingrats qui n'y verraient pas le plus grand gage de miséricorde et d'amour qu'il ait jamais donné à aucun peuple. *Non fecit taliter omni nationi.*

Et maintenant, Français, êtes-vous contents de Dieu? A-t-il assez fait pour nous? Oui, semble-t-il, puisque nous avons eu une libératrice et une rédemptrice incomparable. Et cependant la France, à l'heure qu'il est, attend encore quelque chose de plus.

Voyez-vous, Messieurs, ce qui se passe autour de nous? C'est un réveil de confiance et d'enthousiasme universels : on se croirait au lendemain des victoires d'Orléans et du sacre de Reims. Jamais Jeanne n'a été mieux connue, plus aimée, plus acclamée qu'aujourd'hui. Aucun nom n'est plus populaire que le sien; pas un cœur Français qui ne s'émeuve en l'entendant prononcer; depuis vingt ans surtout, nous le répétons comme une consolation et une espérance. Aucune histoire ne passionne comme la sienne l'érudition de nos savants; à mesure que leurs travaux se précisent, sa mémoire est mieux vengée et son image sort du passé plus vraie et plus radieuse. Aucune figure française n'excite entre les arts une émulation pareille : la poésie, la musique et l'éloquence s'animent en la chantant; la statuaire, tout en désespérant d'exprimer son insaisissable beauté, lui demande chaque jour une inspiration nouvelle : la France veut que le marbre et l'airain composent pour sa libératrice un poème égal à sa gloire; de Domremy à Rouen, chacune des grandes étapes de sa vie sera marquée par un monument national, et sa statue, magnifiquement dressée en vingt endroits, nous la montrera ici souriant encore à ses saintes, là couvrant la frontière de son invincible épée, protégeant la cité du sacre comme elle protège la cité de la victoire, et glorifiée sur les bords du fleuve où elle fut à la peine du martyre. Ce n'est pas seulement Orléans qui garde son culte comme il garda jadis l'honneur contre l'Anglais : c'est la nation entière qui partage la reconnaissance orléanaise et voue à Jeanne un impérissable amour.

Que veulent donc ces manifestations et cette attente de tout un peuple? Le voici, Messieurs : dans sa libératrice et sa rédemptrice d'hier, la France a deviné sa patronne et sa protectrice de demain.

Ah! sans doute elle a déjà, au ciel, d'illustres enfants qui la protègent. Jeanne voyait Charlemagne et saint Louis en prière auprès de Dieu; j'y vois aussi les Aignan et les Vincent de Paul, les Geneviève et les Clotilde, représentant là-haut la foi de la France, sa charité et sa piété; mais qui y représentera son âme, son âme tout entière, cette grande âme française avec tous ses dons?

Vive et sensée, pure et brave, pieuse et fière, également vaillante au labeur et au combat, terrible à l'oppresseur et tendre au vaincu, triomphante et malheureuse, plus grande dans les malheurs que dans les triomphes, l'esprit plein d'idéal, le cœur plein d'ardeur chevaleresque, le front éclairé par la gloire et par la souffrance,... quel est, Messieurs, le portrait que je trace? Celui de Jeanne ou celui de la France? L'un et l'autre à la fois. Ces deux figures se ressemblent; je retrouve en Jeanne tout ce qu'il y a de meilleur dans l'âme de la France; elle est l'image de la Patrie transfigurée et rayonnante de la splendeur du ciel. Dieu l'a faite pour être notre modèle; qu'elle soit donc notre Patronne. Le titre seul lui manque; qu'il lui soit donné bientôt avec l'auréole de la Sainteté.

C'est le véritable monument que nous élèverons à sa mémoire; celui dont ses contemporains jetaient les fondements en la canonisant; celui dont l'évêque qui a le mieux parlé d'elle a posé ici la première pierre et dont il a vu se dresser les premières assises. Il grandit; les prières des fidèles l'édifient, les évêques des deux mondes y travaillent, Rome en étudie la construction lente, mais sûre, elle encourage les ouvriers, et, quand elle aura couronné l'édifice, ce sera un temple. Fasse Dieu, Messieurs, que le siècle ne s'achève pas sans qu'il nous soit donné d'en célébrer la dédicace!

Alors, ô Jeanne, la France se jettera à genoux comme vous le faisiez dans les champs de Domremy, et vous, du haut du ciel, vous lui ferez entendre « ses voix ». Le dialogue interrompu recommencera et vous lui redirez les paroles de l'Archange :

« Sois sage, sois pieuse, » et la France travaillera et elle priera, et, servant Dieu comme vous, elle unira dans une alliance indestructible le patriotisme et la foi.

« Va, Fille de Dieu ; » et la France ira, comme vous, à son devoir, partout où la justice et la civilisation feront appel à son épée, à son génie et à son cœur. Elle ira sans craindre ni la défaillance ni la ruine, car une patrie sauvée et rachetée, protégée et bénie par vous, ô Jeanne, est une patrie immortelle.

Ainsi soit-il!

OUVRAGES RELATIFS A JEANNE D'ARC

ET AU SIÈGE D'ORLÉANS EN 1428.

Apparition de Jeanne d'Arc au roy d'Angleterre, avec la remontrance qu'elle lui a faite sur le secours qu'il a voulu donner aux Rochelois, 1628. 1877, broch. in-8, tirée à 60 exemplaires . . . . 4 fr.

ASTÉSAN. — **La vierge guerrière Jeanne de France,** fragment d'un poème d'Antoine ASTÉSAN, 1435, avec une traduction française, une notice et des notes, par M. Ant. de LATOUR. 1875, in-16. . . . . 1 fr.

AUFRÈRE-DUVERNAY. — **Notice historique et critique sur les monuments érigés à Orléans en l'honneur de Jeanne d'Arc,** 1855, in-8 . . . . 1 fr. 25

AUGEREAU (l'abbé). — **Jeanne d'Arc,** poème. 1886, in-8 . . . . 50 c.

BADEL (ÉMILE). — **Jeanne d'Arc à Nancy (1429-1890).** 1890, grand in-8, avec nombreuses figures. . (*Sous presse.*)

BIEMONT (René). — **Origine du Puceau.** 1879, broch. in-8, avec une eau-forte représentant le Puceau. . . 1 fr. 50

BORNIER (Henri de) et L. RATISBONNE. — **Jeanne d'Arc au deuxième centenaire de Corneille,** poésies. 1884, in-16. . . . . 1 fr.

BOUCHER DE MOLANDON. — **Première expédition de Jeanne d'Arc. Le ravitaillement d'Orléans,** nouveaux documents. Plan du siège et de l'expédition. 1874, grand in-8. . . . . 3 fr. 50

— **La famille de Jeanne d'Arc dans l'Orléanais,** d'après des titres authentiques récemment découverts. Tableaux généalogiques. 1878, grand in-8 . . . . 5 fr.

— **Les comptes de la ville d'Orléans des XIVe et XVe siècles,** période de 1384 à 1460. Défense contre l'invasion anglaise. — Jeanne d'Arc et sa famille. 1880, 26 pp. grand in-8 . . . . 1 fr.

BOUCHER DE MOLANDON. — **La délivrance d'Orléans et l'institution de la fête du 8 mai**, chronique anonyme du XVe siècle récemment retrouvée au Vatican et à Saint-Pétersbourg, Jean de Mascon, docteur et chanoine de l'église d'Orléans, et MM. de Laverdy et J. Quicherat. 1883, in-8. 2 fr.

— **La maison de Jeanne d'Arc à Domrémy et Nicolas Gérardin, son dernier possesseur**, tableau de M. DE CYPIERRE donné au musée d'Orléans par Mme de Candé. 1884, in-8 . . . . 1 fr.

— **Jacques d'Arc, père de la Pucelle**, sa notabilité personnelle. 1885, grand in-8 de 28 pp. . . . . 1 fr. 25

— **Janville, son donjon, son château, ses souvenirs du XVe siècle**, monument érigé à Jeanne d'Arc le 23 mai 1886. 1886, in-8. 1 fr.

— **Pierre du Lys, troisième frère de la Pucelle**, extinction de sa descendance en 1501. 1890, in-8. . . 1 fr.

BOUTEILLER (de) et de BRAUX. — **La famille de Jeanne d'Arc**, documents inédits, généalogie, lettres de J. Hordal et de Cl. du Lys, à Ch. du Lys, publiés pour la première fois par E. de Bouteiller et G. de Braux. 1878, in-8. . . . . . 12 fr.

— **Nouvelles recherches sur la famille de Jeanne d Arc**, Enquêtes inédites, généalogie. 1879, in-8. . . 6 fr.

— **Notes iconographiques sur Jeanne d'Arc**. 1879, in-8 pap. . . . . 3 fr.

BOYER. — **Variante inédite d'un document sur le sacre de Charles VII**. 1881, 8 pp. in-8. . . . . . 1 fr.

BRAUX (de). — Voyez DE BOUTEILLER et DE LA ROQUE, *De la noblesse de Jeanne d'Arc*.

BUCHON. — **Notice biographique et littéraire sur Jeanne d'Arc**, formant les pages 11 à 35 du vol. de MATHIEU DE COUCY, du Panthéon littéraire, 1875, grand in-8 . 7 fr. 50

— **Chroniques de la Pucelle et son procès**, Panthéon littéraire. 1875, grand in-8. . . . . 7 fr. 50

BUZONNIÈRE (de). — **Étude sur le poème de Jeanne d'Arc**, de Robert SOUTHEY. 1872. broch. in-8. . . . . 2 fr.

Cantate guerrière sur Jeanne d'Arc. Paroles de J. DOINEL, musique de L. GACK, chantée le 8 mai 1890 par la Société chorale d'Orléans et accompagnée par la musique des Sapeurs-Pompiers, 3 parties notées, formant 12 pages in-8 . . . . 1 fr.

Chanson historique de Jeanne d'Arc, Pucelle d'Orléans et de ses hauts faits sous le règne de Charles VII, roi de France. 1862, in-64, tiré à 36 exempl. en caractères microscopiques. . . . . 5 fr.

CHAPELAIN (J.). — **Les douze derniers chants du poème de la Pucelle** publiés pour la première fois sur les manuscrits de la Bibliothèque nationale, par H. Herluison, précédés d'une préface de l'auteur et d'une étude sur le poème de la Pucelle, par René KERVILER. 1882, in-16. . . . 10 fr.

CHAPOTIN (R. P.). — **La guerre de Cent Ans. Jeanne d'Arc et les Dominicains.** 1888, in-8. . . . . . . 3 fr.

CHASTELLAIN. — **Jeanne d'Arc**, par Martin LE FRANC, CHASTELLAIN, François VILLON et Octavien DE SAINT-GELAIS. 1869, in-32 . . . . 1 fr.

CHRISTINE DE PISAN. — **Jeanne d'Arc**, chronique rimée, XVe siècle. 1865, in-32. . . . . 2 fr.

COLLIN (A.). — **La casemate du bout du pont des Tourelles, à Orléans, du côté de la Sologne.** 1867, in-8 pl. . . . . 1 fr. 50

— **Les derniers jours du pont des Tourelles, à Orléans.** 1875, in-8 . . . . 1 fr.

Complaintes et chants populaires relatifs à Jeanne d'Arc. (*Sous presse.*)

CROLLALANZA. — **Origine et gesta di Giovanna Darco.** 1862, in-8 . . . . 4 fr.

Cycle poétique de Jeanne d'Arc. 1869, in-32. . . 5 fr.

DANTON (J.). — **Jeanne d'Arc**, notice servant d'explication aux bas-reliefs du monument élevé sur la place du Martroi. 1869, pet. in-8 . . . . 50 c.

DELISLE (LÉOPOLD). — **Nouveau témoignage relatif à la mission de Jeanne d'Arc**, par M. Léopold DELISLE, rapport à la Société archéologique, par M. Boucher de Molandon. 1886, in-8. . . . . 1 fr.

DESNOYERS (l'abbé). — **Les armes du siège d'Orléans de 1428.** 1884, in-8 . . . . 1 fr.

DOINEL (JULES). — **Note sur une maison de Jeanne d'Arc.** 1876, in-8. . . . . 1 fr.

— **La maison de la famille de Pierre d'Arc, frère de la Pucelle, à Orléans.** 1877, in-8 . . . . . 1 fr. 50

— **C'est la complaincte de Jehanne la Pucelle.** 1877, in-12. . . . . 1 fr.

— **Nouveaux documents sur Jean du Lys, neveu de Jeanne d'Arc**, 1879, in-8. . . . . 1 fr. 50

DUFOUR (l'abbé). — (Voyez *Knobelsdorf*).

DUPONT (LÉONCE). — **Les trois statues de Jeanne d'Arc**, ou notice sur les monuments élevés à Orléans en son honneur. 1861, in-12. . . . . 1 fr.

DUPUIS (F.). — **Des œuvres littéraires et artistiques inspirées par Jeanne d'Arc.** 1852, in-8 . . . . 1 fr. 50

Exhortation de la Pucelle d'Orléans à tous les princes de la terre à faire une paix générale pour venger la mort du roi d'Angleterre par une guerre toute particulière. 1649. 1877, broch in-8 . . . . 4 fr.

Geschichte der Jungfrau von Orléans und beschreibungder bas-reliefe auf dem piedestale des denkmales Joanna d'Arc in Orleans. 1871, pet. in-8 . . . . 1 fr.

GILLIS (Mgr). — **Panégyrique de Jeanne d'Arc,** prononcé le 8 mai 1857. grand in-8 avec fig. . . . . . . 1 fr. 50

GRUEL (GUILLAUME). — **Chronique d'Artus III, comte de Richemont, duc de Bretagne et connétable de France.** 1875, grand in-8. . . . . 7 fr. 50

GUIOT (l'abbé). — **Complainte de la Pucelle d'Orléans,** image populaire avec fig. coloriée et musique. . . . . 10 c.

— **Complainte sur la Pucelle d'Orléans.** 1885, in-128 de 24 pp. imprimée en caractères microscopiques, tirée à 100 exemplaires. . . . . 2 fr.

HATTE (l'abbé). — **Les apparitions et la mission divine de Jeanne d'Arc devant la critique rationaliste.** 1889, in-8 . . . . 2 fr.

HERLUISON. — **Les panégyristes de Jeanne d'Arc,** liste chronologique des orateurs qui ont prononcé le panégyrique de Jeanne d'Arc dans la chaire chrétienne depuis l'an 1460 jusqu'à nos jours, avec des notes historiques et biographiques, le catalogue des éloges qui ont été imprimés et leurs différentes éditions. 1870, in-8 de 32 pp. . . . 2 fr.

JOLLOIS — **Plans du siège d'Orléans en 1428** . 4 fr.

KERVILER (RENÉ). — **Étude sur le poème de la Pucelle, de Chapelain,** par René KERVILER. 1882, in-16, tirée à 20 exempl. . . . . 2 fr.

(Voyez Chapelain, *La Pucelle*).

KNOBELSDORF. — **Jeanne d'Arc ou la Vierge de Lorraine,** fragment d'un poème d'Eustache de KNOBELSDORF, prussien traduit en français, avec introduction par l'abbé Valentin DUFOUR. 1879, in-8, tiré à 60 exempl. . 4 fr.

LAFONT (Mme). — **Stances à Jeanne d'Arc.** 1868, in-32. . . . . 50 c.

LANÉRY D'ARC. — **Le culte de Jeanne d'Arc au XVe siècle.** 1887, in-8. . . . . 1 fr. 50

LATOUR (ANTOINE DE). — **Pèlerinage au pays de Jeanne d Arc.** 1880, in-12. . . . . 1 fr.

LECOCQ. — **Étude historique sur le séjour de Jeanne à Élincourt-Sainte-Marguerite.** 1879, in-8 carte. 1 fr.

LECOY DE LA MARCHE. — **Le culte de Jeanne d'Arc jusqu'à nos jours et sa canonisation projetée,** 1889, grand in-8 . . . . 1 fr. 50

LÉMANN (JOSEPH). — **Jeanne d'Arc récompense des croisades.** 1887, in-8. . . . . 1 fr.

LEMERLE (l'abbé B.). — **Essai d'une bibliographie raisonnée de Jeanne d'Arc, les éloges et panégyriques.** 1886, in-8 . . . . 2 fr.

LEVAIN (A.). — **Aux Orléanais, Jeanne d'Arc, poème.** 1885, broch. in-8 . . . . 50 c.

LOISELEUR (JULES). — **Comptes des dépenses faites par Charles VII pour secourir Orléans pendant le siège de 1428.** 1868, in-8. . . . . 5 fr.

LORIEU. — **Stances à la gloire de Jeanne d'Arc.** In-8 . . . . 50 c.

MARCHAND (l'abbé) (MERCATOR). — **Complainte populaire de la Pucelle d'Orléans,** image genre Épinal, avec gravure coloriée et musique. . . . . 10 c.

MANTELLIER (P.). — **Notice des collections composant le musée de Jeanne d'Arc.** 1880, in-12. . . . . . 1 fr.

— **Le siège et la délivrance d'Orléans. fête du 8 mai 1855.** 1855, grand in-8 avec un plan . . . . . 3 fr.

— **Histoire du siège d'Orléans.** 1867, in-12 . . . 2 fr.

MARIANA (le R. P.). — **Juana de Arco la doncella de Orléans,** por el Juan de MARIANA (1592), con una noticia biografica de don Antonio DE LATOUR, texte espagnol-français. 1877, in-8, tiré à 60 exempl . . . . 4 fr.

MARTIAL D'AUVERGNE. — **Sièges d'Orléans et autres villes de l'Orléanais, XVe siècle.** 1866, in-32. 2 fr. 50

MICHAU (CH.). — **Jeanne d'Arc à la tour de Rouen,** pièce qui a obtenu un prix au concours ouvert par l'Académie champenoise. 1887, in-16 pap. teinté . . . . 1 fr.

MONSTRELET. — **Chroniques** (France, Angleterre, Bourgogne, 1400-1444), avec notices biographiques et littéraires, par BUCHON. 1875, grand in-8 . . . . 7 fr. 50

MOREAU (HÉGÉSIPPE). — **Jeanne d'Arc.** 1878, in-8 tiré à 60 exempl.. . . . . 4 fr.

MOUROT. — **Jeanne d'Arc, modèle des vertus chrétiennes.** 1887, 2 vol. in-12 . . . . 5 fr.

NICOLLIÈRE-TEIJEIRO (DE LA). — **Documents inédits, XVe siècle. Petits neveux de Jeanne d'Arc au comité nantais** 1889, in-8 . . . . 1 fr.

Notice biographique sur Jeanne d'Arc, la Pucelle d'Orléans, extraite des *Petits bollandistes*. 1875, grand in-8 . . . . 1 fr.

Opuscules rares ou inédits relatifs à Jeanne d'Arc, voyez : ASTÉZAN, *l'Oracle de la Pucelle*, *Apparition de Jeanne d'Arc*, *Exhortation de la Pucelle*, MARIANA, DE VIGNEULLES, Hegésippe MOREAU, KNOBELSDORFF, QUICHERAT, TRIPPAULT.

L'Oracle de la Pucelle d'Orléans, proposé au roi Louis XIII le 13 juillet 1614, le jour de son entrée dans la ville d'Orléans. 1877, in-8 tiré à 60 exempl.. . . . . . 4 fr.

Ordre de la procession générale qui se fait tous les ans le 8 mai, en action de grâces pour la délivrance de la ville d'Orléans du siège des Anglais par l'entremise de Jeanne d'Arc. 1790, 32 pp. in-8 avec musique . . . . 1 fr.

Panégyristes de Jeanne d'Arc : 1672. Le R. P. SENAULT, de l'Oratoire. — 1759 et 1760. MAROLLES (Claude de). — 1764. LOISEAU. — 1766. COLAS. — 1767. PERDOUX. — 1779. DE GÉRY. — 1781. SORET. — 1805. PATAUD. — 1809. NUTEIN. — 1811. PATAUD. — 1814. NUTEIN. — 1817. BERNET. — 1819. FRAYSSINOUS. — 1821 et 1823. FEUTRIER. — 1825. LONGIN. — 1826. GIROD. — 1828. DEGUERRY. — 1829. MORISSET. — 1836. LE COURTIER. — 1844. PIE. — 1845. BERLAND. — 1850 et 1853. BARTHÉLEMY DE BEAUREGARD. — 1855. Mgr DUPANLOUP. — 1856. DEGUERRY. — 1857. Mgr GILLIS. — 1858. PLACE (de). — 1859. CHEVOJON. — 1860. FREPPEL. — 1861. DESBROSSES. — 1862. PERREYVE. — 1863. MERMILLOD. — 1864. THOMAS. — 1865. BOUGAUD. — 1866. LAGRANGE. — 1867. FREPPEL. — 1868. BAUNARD. — 1869. Mgr DUPANLOUP. — 1872. Le R. P. PERRAUD. — 1873. J. LÉMANN. — 1874. A. LÉMANN. — 1875. BERNARD. — 1876. HULST (d'). — 1877. Le R. P. MONSABRÉ. — 1878. ROUQUETTE. — 1879. Mgr TURINAZ. — 1880. Mgr BESSON. — 1881. PLANUS. — 1882. Mgr GERMAIN. — 1883. LAROCHE. — 1884. CHAPON. — 1885. S. E. Mgr LANGÉNIEUX. — 1885. Mgr THOMAS, dans la cathédrale de Rouen. — 1886. VIÉ. — 1887. Mgr PERRAUD. — 1888. Mgr GONINDARD. — 1889. Mgr DE CABRIÈRES. — 1890. A. MOUCHARD.

PÉROT (FRANCIS). — **Jeanne d'Arc en Bourbonnais.** 1889 . . . . 2 fr.

POLLUCHE (DANIEL). — **Examen de quelques opinions sur la conduite particulière de la Pucelle d'Orléans.** In-8 . . . . 50 c.

Pourtrait d'une tapisserie *faite y a deux cens ans, où est représenté le roy Charles VII allant faire son entrée en la ville de Rheims pour y estre sacré à la conduite de la Pucelle d'Orléans, 1429,* héliogravure d'après l'estampe originale de POINSSART. . . . . 25 fr.

QUICHERAT. — **Relation inédite sur Jeanne d'Arc,** extraite du *Livre Noir de l'Hôtel-de-Ville de la Rochelle,* publiée par M. J. QUICHERAT, directeur de l'école des Chartes. 1879, in-8, tiré à 60 exempl. . . . . 5 fr.

Réédification du monument de Jeanne d'Arc, par le citoyen GOIS, statuaire. pet. in-8, fig. . . . . 50 c.

RENARD (ATHANASE). — **L'état-civil de Jeanne d'Arc.** 1879, in-8. . . . . 1 fr.

— **Le culte de Jeanne d'Arc et sa nationalité.** 1888, in-8 . . . . 50 c.

RICHER. — **La Pucelle, procession du 8 mai 1859,** par T. R. (T. RICHER). 1869, pet. in-8 . . . . 50 c.

RIGAUD. — **Chronique de la Pucelle, campagne de Paris.** 1886, in-8. . . . . 2 fr.

RIGAUD. — **Atlas général des voyages et expéditions militaires de Jeanne d'Arc,** avec notes bibliographiques, tables chronologiques et itinéraire général de la Libératrice de 1429, dressé et gravé par J. RIGAUD, géographe, avec une préface de P. L. D'ARC. 1re partie : *Domrémy-la-Pucelle.* 1888, 7 planches, in-4. . . . . 4 fr.

ROQUE (GILLES-ANDRÉ DE LA). — **De la noblesse de d'Arc, dite du Lys, Pucelle d'Orléans, et des principales circonstances de sa vie et de sa mort,** par Gilles-André de la ROQUE, 1678, publié et annoté par M. le baron de Braux. 1878, in-8, tiré à 60 exempl. . . 4 fr.

SAUTEREAU. — **A Jeanne d'Arc,** souvenir des fêtes et des expositions d'Orléans de mai 1876. Pet. in-8. . . . . . 50 c.

SIRVEY (GASTON DE). — **Martyre et délivrance.** 1878, grand in-8 . . . . 2 fr.

SOREL (A.). — **La maison de Jeanne d'Arc à Domrémy.** 1886, grand in-8 de 102 pp. avec 3 pl.. . . . 3 fr. 50

— **Séjour de Jeanne d'Arc à Compiègne.** 1889, fig. in-8 . . . . 2 fr.

— **La prise de Jeanne d'Arc devant Compiègne, et l'histoire des sièges de la même ville sous Charles VI et Charles VII.** 1889, in-8 . . . . . 10 fr.

SOUCHON (l'abbé). — **Jeanne d'Arc,** poème. 1889, in-12 2 fr.

THOMASSIN (M.). — **Registre delphinal,** par THOMASSIN, publié par BUCHON. 1875, grand in-8 de 740 pp. . . 7 fr. 50

TOUTAIN-MAZEVILLE. — **La mission de la Pucelle d'Orléans,** chronique mise en vers. 1865, gd in-8. 1 fr. 50

TRIPPAULT. — **Les faicts, pourtraict et jugement de Jeanne d'Arc, dite la Pucelle d'Orléans,** texte latin-français. 1883, in-8, tiré à 60 exempl.. . . . . 4 fr.

TRIPPAULT. — **Histoire et discours au vray du siège qui fut mis devant la ville d'Orléans par les Anglais, le 12 octobre 1428.** 1885, in-64 de 136 pages, imprimé avec des caractères microscopiques, tiré à 100 exempl., avec un frontispice gravé à l'eau forte, par E. DAVOUST. . . 10 fr.

VAUZELLES (LUDOVIC DE). — **Fête du 8 mai 1868. Jeanne d'Arc. 439ᵉ anniversaire de la délivrance d'Orléans,** poème. 1868, in-8. . . . . 50 c.

VERGNAUD-ROMAGNÉSI. — **Mémoire sur les monuments élevés en l'honneur de Jeanne d'Arc sur les gravures et peintures qui la représentent, et sur une ancienne bannière de la ville d'Orléans.** In-8, avec 2 pl. 2 fr.

— **Examen philosophique et impartial des apparitions et de la mission divine de Jeanne d'Arc.** 1866, broch. grand in-8 . . . . 1 fr.

— **Notes curieuses, dont plusieurs inédites sur les fêtes de la ville d'Orléans, dites fêtes de Jeanne d'Arc, le 8 mai,** sur ses monuments à Orléans et sur son chapeau, qu'on y conserva jusqu'en 1792, par C.-F. VERGNAUD-ROMAGNÉSI. 1862, 16 pp. in-8. . . . . 1 fr.

VERNULZ (NICOLAS DE). — **Jeanne d'Arc,** tragédie latine en cinq actes, par Nicolas de VERNULZ, édition nouvelle accompagnée d'une traduction française en regard, et d'une dédicace-introduction, par M. Antoine de LATOUR. 1880, in-16, papier vergé, tiré à 260 exempl. . . . . 10 fr.

VIGNEULES (PHILIPPE DE). — **Jeanne d'Arc dans les chroniques messines de Philippe de Vigneules,** publié d'après le manuscrit original par E. de BOUTEILLER, ancien député de Metz. 1878, br. in-8, tirée à 60 exemp. 1 fr.

IMP. GEORGES JACOB, — ORLÉANS.

PANÉGYRISTES DE JEANNE D'ARC

DONT LES DISCOURS ONT ÉTÉ IMPRIMÉS

MM.

1672. Senault (Le R. P.), de l'Oratoire.
1759 et 1760. Marolles (Claude de).
1764. Loiseau.
1766. Colas.
1767. Perdoux.
1779. Géry (de).
1781. Soret.
1805. Pataud.
1809. Nutein.
1811. Pataud.
1814. Nutein.
1817. Bernet.
1819. Frayssinous.
1821 et 1823. Feutrier.
1825. Longin.
1826. Girod.
1828. Deguerry.
1829. Morisset.
1830. Le Courtier.
1844. Pie.
1845. Berland.
1850. Barthélemy de Beauregard.
1853. Le même.
1855. Mgr Dupanloup.
1856. Deguerry.
1857. Mgr Gillis.
1858. Place (de).
1859. Chevojon.
1860. Freppel.

MM.

1861. Desbrosses.
1862. Perreyve.
1863. Mermillod.
1864. Thomas.
1865. Bougaud.
1866. Lagrange.
1867. Freppel.
1868. Baunard.
1869. Mgr Dupanloup.
1872. Perraud (Le R. P.).
1873. Lémann (J.).
1874. Lémann (A.).
1875. Bernard.
1876. Hulst (D').
1877. Monsabré (Le R. P.).
1878. Bouquette.
1879. Mgr Turinaz.
1880. Mgr Besson.
1881. Planus.
1882. Mgr Germain.
1883. Laroche.
1884. Chapon.
1885. S. E. Mgr Langénieux.
1885. Mgr Thomas (dans la Cathédrale de Rouen.)
1886. Vié.
1887. Mgr Perraud.
1888. Mgr Gonindard.
1889. Mgr de Cabrières.
1890. Mouchard (A.).

EN VENTE CHEZ LE MÊME ÉDITEUR

Petit Séminaire de La Chapelle-Saint-Mesmin. Le site, l'histoire, l'œuvre. Broch. in-8°, avec vignettes gravées sur bois. . . . . 1 fr.

De l'enseignement de la Religion dans le programme des études classiques (par M. l'abbé Vié). Broch. in-8°. . . . . 1 fr.

Éloge funèbre des soldats français morts à la bataille de Loigny le 2 décembre 1870, prononcé dans l'église de Loigny, le 2 décembre 1889, par M. l'abbé Vié. Broch. in-8°. . . . . 1 fr.

La question religieuse au XIXe siècle, par M. l'abbé de la Taille, vicaire général d'Orléans. In-12. 2 fr.

Voyage de Jérusalem (en 1715) **par M. Turpetin, prestre du diocèse d'Orléans,** publié pour la première fois d'après les manuscrits, par A. Couret. In-16, tiré à 82 exemplaires. . . . . 10 fr.

Officium sancti Sepulchri ad usum peregrinorum et militum sancti Sepulchri Hierosolymitani. A. Couret, edidit. In-32. . . . . . . 1 fr. 50

Devant le Tabernacle. Visites au Saint-Sacrement, par un homme du monde. In-32, papier teinté. 1 fr. 50

Nos Églises. Impressions chrétiennes, par M. l'abbé Roger, vicaire de la cathédrale d'Orléans. 2e édition. In-16. 3 fr.

Rome. Chapelle Sixtine, par M. l'abbé Lemaire, vicaire de Notre-Dame-de-Recouvrance. . . . . 1 fr. 50

Strophes divines, par M. l'abbé Barbier. In-12. . 2 fr.

Histoire du Diocèse d'Orléans, par M. l'abbé Duchateau, beau volume in-8° . . . . 7 fr. 50

La Cathédrale de Sainte-Croix d'Orléans. Récit de son histoire monumentale, par M. l'abbé Cochard. Broch. in-8°. 1 fr.

Œdipe à Colone, tragédie de Sophocle, représentée par les élèves de La Chapelle-Saint-Mesmin, à l'occasion de la fête de Jeanne-d'Arc, le 8 mai 1890. Grand in-8°. 1 fr. 50

IMP. GEORGES JACOB, — ORLÉANS.

www.ingramcontent.com/pod-product-compliance
Ingram Content Group UK Ltd.
Pitfield, Milton Keynes, MK11 3LW, UK
UKHW021501260726
13993UKWH00004B/1515

9 782329 439235